Wie erkenne ich Ägyptische Kunst?

Gondrom

Inhalt

Genehmigte Sonderausgabe für Gondrom Verlag GmbH & Co. KG, Bindlach 1991

Autor: Flavio Conti
Idee: Harry C. Lindinger
Zeichnungen: Gerry Valsecchi und Mariarosa Conti
Deutsche Bearbeitung: Gerd Betz
Titel der Originalausgabe:
Come riconoscere l'arte egiza
ISBN 3-8112-0760-1

Einleitung

Von allen Mittelmeerkulturen war die des alten Ägypten die langlebigste, denn sie herrschte während 3 000 Jahren. Dieser Zeitraum wird zur Kennzeichnung der einzelnen Kunstepochen nach den verschiedenen *Dynastien* gegliedert. Man unterscheidet: *Die Frühzeit* (= 3100–2686 v. Chr., 1. und 2. Dynastie), die mit der Vereinigung von Oberägypten und Unterägypten begann. *Das Alte Reich* (= 2686—2181 v. Chr., 3. bis 6. Dynastie). *Die Erste Zwischenzeit* (= 2181–2133 v. Chr., 7. bis 10. Dynastie), während der die Zentralregierung zusammenbrach. *Das Mittlere Reich* (= 2133–1786 v. Chr., 11. bis 12. Dynastie), dem die *Zweite Zwischenzeit* (= 1786–1567 v. Chr., 13. bis 17. Dynastie) folgte, während der die asiatischen *Hyksos* eine Fremdherrschaft aufrichteten. Das Land wurde dann durch *Ahmose* befreit und geeint, den Gründer der 18. Dynastie, mit dem *Das Neue Reich* (= 1567–1085 v. Chr., 18. bis 20. Dynastie) begann. Das war ein goldenes Zeitalter der ägyptischen Kultur, in dem einige der bedeutendsten ägyptischen Könige herrschten wie *Amenophis, Thutmosis* und *Ramses*. Der 20. Dynastie gelang es noch einmal, den Ansturm der Seevölker zurückzuschlagen, dann folgte eine Zeit des Niedergangs. *Die Spätzeit* (= 1085–332 v. Chr., 21. bis 31. Dynastie) brachte weitere Wirren bis zur Zeit *Alexanders d. Gr.* Nach seinem Tod kam unter den Diadochen Ägypten im Jahr 304 v. Chr. an die *Ptolemäer*. Im Jahr 30 v. Chr. traten hier die *Römer* ihre Herrschaft an. Bei der Teilung des Römischen Reiches im Jahr 395 n. Chr. fiel Ägypten an die östliche Reichshälfte.

Ein wesentliches Kennzeichen der ägyptischen Kunst ist über den langen Zeitraum ihres Bestehens hinweg die innere stilistische Einheit. Sie überdauerte selbst die Epochen des Niedergangs und war wiederum in den Perioden der kulturellen Blüte, wie z. B. während der 26. Dynastie oder *Saitenzeit*, spürbar. Das einigende Element war der Hof des Königs oder *Pharaos*, an dem sowohl die Fäden der Verwaltung als auch der Religion zusammenliefen. Die ägyptische Religion ging von der Vorstellung der

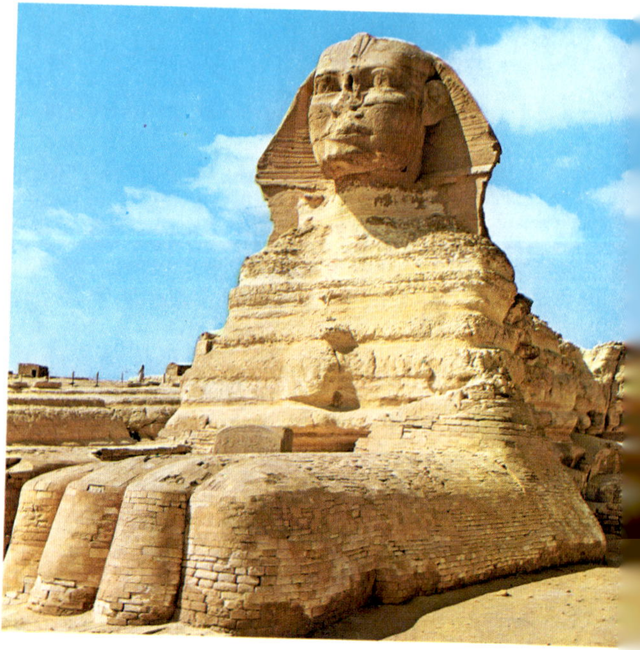

▶ Der *Sphinx von Giza,* eine monumentale kauernde Gestalt mit einem Löwenleib und Menschenhaupt, zeigt die Gesichtszüge des Pharao *Chephren* aus der 4. Dynastie. Die Skulptur wurde aus Kalkstein geschaffen und bewacht den Grabbezirk des verstorbenen Königs. Sie ist 57 m lang und 20 m hoch. Zwischen ihren Pranken befand sich ein kleiner Alabastertempel. Der Sphinx lag neben dem Taltempel am Aufweg, der zur Pyramide des Chephren mit dem Totentempel führt.

Göttlichkeit des Herrschers aus, der als die lebendige Inkarnation des Himmelsgottes *Horus* galt, der traditionsgemäß als *Falke* dargestellt wurde. Der Herrscher hatte die Aufgabe, die Einheit des langgestreckten Landes am Ni[l] zu garantieren, ihm kam auch für das Kunstschaffen eine entscheidende Bedeutung zu. Die Künstler galten nur als namenlose Handwerker, während der Glanz der von ihnen geschaffenen Arbeiten den Auftraggebern zugute kam. Nur den *Architekten* wurde ein höherer Rang zugebilligt. Von der Kunst des alten Ägypten sind großartige Bauwerke und Skulpturen erhalten geblieben, Monumente und Tempelanlagen sowie eine Fülle von Malerei und kunsthandwerklichen Objekten. Die Schrift spielte mit ihren *Hieroglyphen* in der ägyptischen Kultur ebenso eine wichtige Rolle. Reliefs und Wandmalerei wurden durch Inschriften vervollständigt, doch oft übernahm die Schrift auch dekorative Aufgaben. Die Bindung an uralte Traditionen und das Streben nach ewiger Dauer sind insgesamt wesentliche Merkmale der ägyptischen Kunst und Kultur.

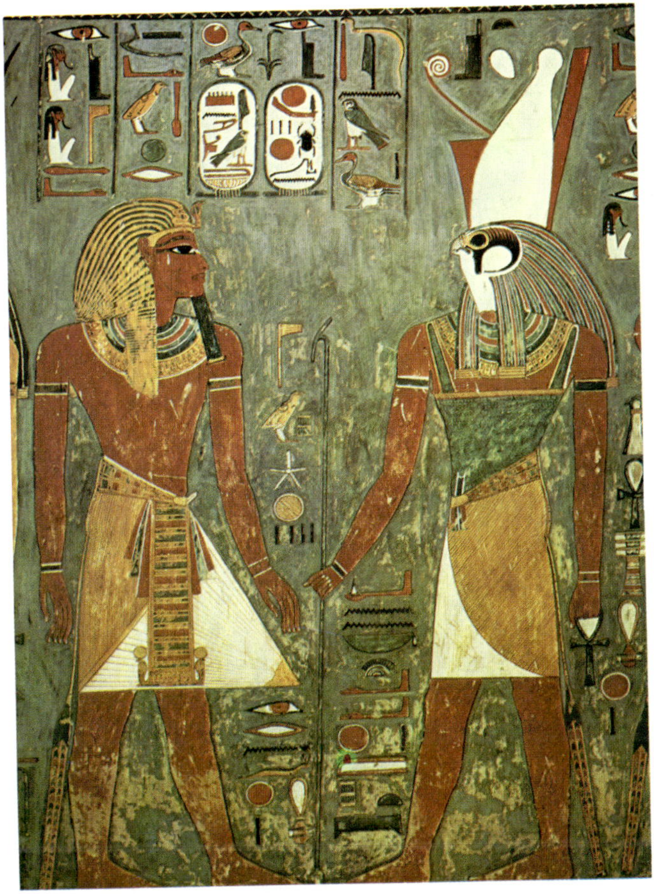

◆ *Wandmalerei ›us dem Grab des ›harao Haremhab '18. Dynastie).* Der ›önig trägt die raditionelle Tracht, len Lendenschurz. ›ein Oberkörper ist ›ackt. Zum könig-›chen Ornat gehört las Königskopftuch nit der heiligen Jräusschlange, der ›eremonialbart, der Ialsschmuck. Ihm egenüber steht der alkenköpfige Gott *Iorus.* Der Königs-›ame steht im ersten)val oberhalb dem ›opf des Pharao.

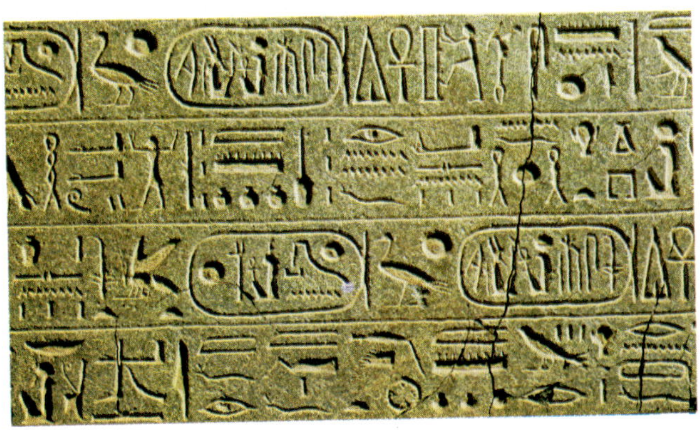

Weihinschrift in Iieroglyphen zu hren des *Amun,* des önigs der Götter. ie Tempelinschrift nthält ferner den amen des Pharao amses II. sowie die aditionellen Zei-len für Ober-›ypten und nterägypten.

Die Architektur

▼ Der Bautypus der *Stufenpyramide* hat sich aus der Grundform der *Mastaba*, des Grabbaus mit flachem Dach, entwickelt. Die früheste Form bestand aus einer Folge sich verkleinernder, aufeinandergesetzter Mastabas.

Die ägyptische Kunst hatte die Aufgabe, den göttlichen *Pharao* zu verherrlichen und sein Weiterleben nach dem Tod zu gewährleisten. Zu diesem Zweck wurden großartige *Totentempel* und riesige *Grabanlagen* geschaffen, geschmückt mit monumentalen Statuen und Reliefs. Ganze Ortschaften wurden gegründet, um alle die Menschen zu beherbergen, die für diese Tempel und Gräber tätig waren – die Maurer und Steinmetzen, Bildhauer und Kunsthandwerker, nicht zuletzt die Priester und ihre Diener. Das Weiterbestehen sollte dem ganzen Volk zugute kommen. Der *Pharao* war göttlicher Abstammung, daher bildete die Kunst vor allem ihn und die *Götter* ab. Diese Auffassung herrschte bis ins kleinste Detail: Der *Tempel* war das Haus der Gottheit, die hier bei Tag und Nacht wohnte, daher mußten auch die *Götterstatuen* in symbolischer Weise von der Priesterschaft verehrt und ernährt werden. Der ganze Tempel war mit Reliefdarstellungen, Bildern und In

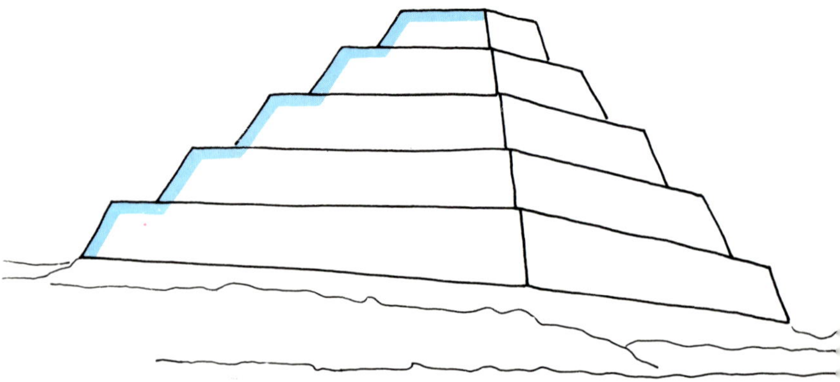

▼ Die früheste erhaltene Pyramide ist die *Stufenpyramide des Pharao Djoser in Sakkara*, 3. Dynastie, um 2650 v. Chr. Sie gilt als Werk des Architekten *Imhotep*. Die rund 60 m hohe Pyramide ist von einigen *Totenkapellen* umgeben, die z. T. für das alle 30 Jahre gefeierte *Heb-Sed-Fest* errichtet wurden.

schriften geschmückt, welche die Beziehungen zwischen den Gottheiten und dem Pharao bekräftigten.

Am Beginn der dynastischen Periode war die *Mastaba* ein typisches Bauwerk, ein Grabbau mit flachem Dach, die für die Pharaonen am Rande der Wüste bei *Sakkara*, unweit des Nildeltas, errichtet wurde. Während des *Alten Reiches,* als die Könige in *Pyramiden* beigesetzt wurden, übernahm der Adel die Mastaba für seine eigenen Gräber. Beispiele dafür befinden sich in *Giza,* unweit von Kairo. Die *Mastaba* bestand aus einem unterirdischen und einem oberirdischen Teil. In der unterirdischen *Grabkammer* wurde der *Sarkophag* aufgestellt. Sie war durch einen Schacht oder Gang zugänglich, der nach der Beisetzung mit Steinen zugeschüttet wurde. Der oberirdische Teil entsprach ursprünglich dem Grabhügel. Eine ebenerdige *Grabkapelle* diente dem Totenkult. Darin befanden sich Altäre, Tische für die Opfergaben, die Wände waren mit Reliefs und Wandgemälden geschmückt, die Alltagsszenen darstellten; *Hieroglypheninschriften* enthielten die religiösen Formeln, die ein ewiges Weiterleben der Verstor-

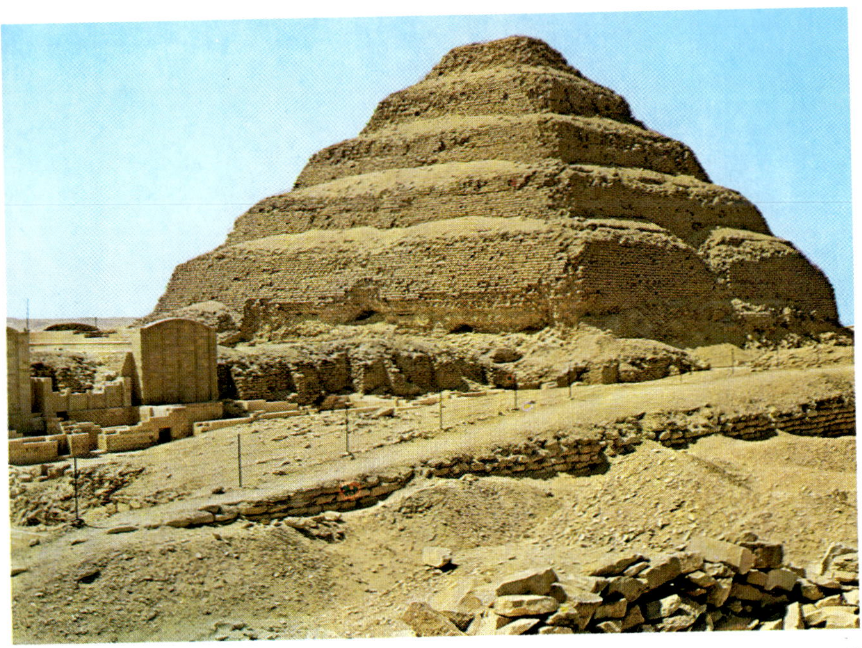

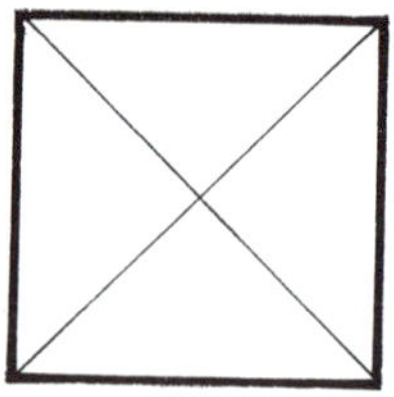

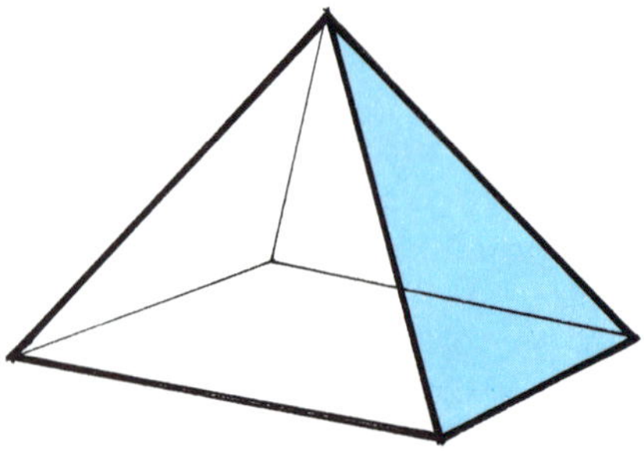

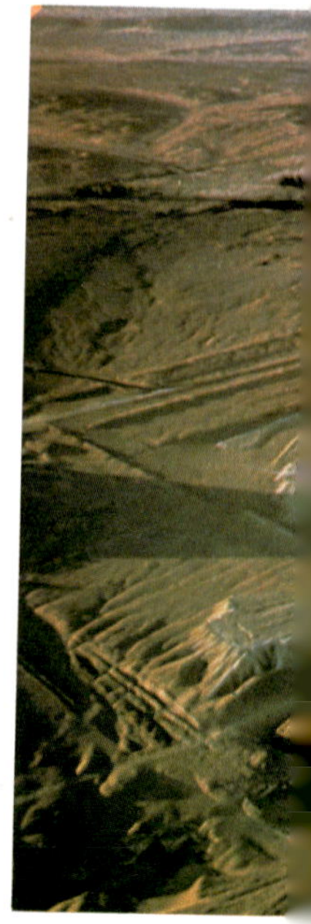

▲ Die *Pyramide* entwickelte sich zu einer streng regelmäßigen Form mit einheitlich glatter Oberfläche anstelle der früheren Stufen. Die berühmtesten Beispiele befinden sich im *Pyramidenfeld von Giza* bei Kairo. Sie entstanden zur Zeit der 4. Dynastie.

benen gewährleisten sollten. Die Götter des Totenreichs, wie der hundeköpfige *Anubis* (Abb. S. 52) und der Gott *Osiris* (Abb. S. 51) wurden häufig abgebildet. Einige Mastabas hatten auch weitere ausgeschmückte Räume, darunter einen mit einer *Scheintür* (Abb. S. 23) und der Statue des Verstorbenen sowie einem Steintisch davor für die Opfergaben.

Die bedeutendste architektonische Leistung des *Alten Reichs* ist die *Pyramide.* Jene riesigen steinernen Denkmäler wurden in frühen Berichten als „Kornspeicher Ägyptens" bezeichnet. Der Name leitet sich vom griechischen *pyramis* ab, mit der eine bestimmte Form von Weizenkuchen bezeichnet wurde. Man nimmt heute an, daß die ägyptischen Pyramiden ein Symbol der *Sonne,* der höchsten Gottheit des Landes am Nil waren. Die *Pyramide* war ursprünglich zur Aufnahme des königlichen Grabes bestimmt, obwohl aus unbekannten Gründen vereinzelt Pharaonen mehrere Pyramiden errichten ließen. Die Vorstellung, daß diese Pyramiden mit Hilfe von Millionen von Sklaven erbaut worden seien, verdient eine Berichtigung.

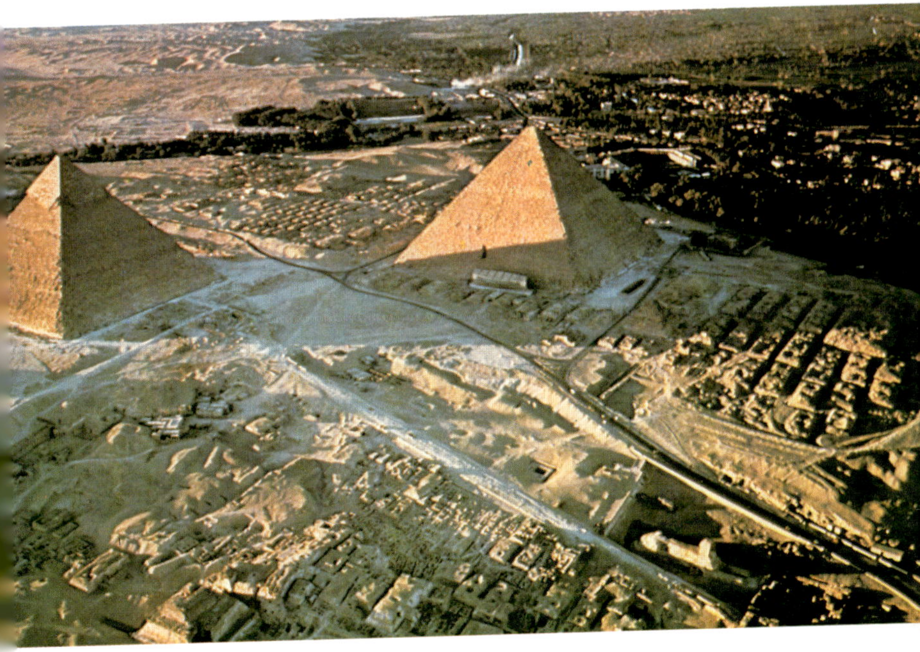

▲ Die Luftaufnahme des *Pyramidenfeldes von Giza* zeigt links die *Pyramide des Chephren,* rechts die *Pyramide des Cheops*. Rechts vorn am Aufweg: der *Sphinx*. In der Umgebung die Überreste der ausgedehnten Totenstadt, die zwischen 2600 und 2500 v. Chr. ausgebaut wurde.

Da die Wirtschaft Ägyptens primär auf dem Ackerbau beruhte, hätte schon ihre Ernährung Schwierigkeiten bereitet. Vielmehr ist wahrscheinlich, daß in den langen Perioden, in denen infolge der üblichen Nilüberschwemmungen eine landwirtschaftliche Tätigkeit nicht möglich war, ein Teil der ägyptischen Bevölkerung dafür eingesetzt wurde, diese gewaltigen Steinbauwerke zu errichten. Der Pyramidenbau hatte eine gottesdienstliche Aufgabe, er sollte das Weiterleben des vergöttlichten Pharao garantieren und damit auch den Bestand seines Volkes. Dieses System der Beschäftigung Tausender von Menschen, die sonst monatelang keine andere Aufgabe gehabt hätten, geht vielleicht auf den bedeutenden *Baumeister Imhotep* zurück, der während der Regierung des *Pharao Djoser* aus der 3. Dynastie in *Sakkara* die *Stufenpyramide* baute, in deren Umkreis auch die Reste ausgedehnter Unterkünfte gefunden wurden.

Es gab unterschiedliche Pyramidenformen. Außer der *Stufenpyramide von Sakkara* und der klassischen Form der *Pyramiden von Giza* gab es z. B. die sog. *Knickpyra-*

mide, wie die *des Pharao Snofru in Dahschur,* südlich Giza, aus der 4. Dynastie. Bei diesem Typus sind die Seiten der Pyramide im oberen Teil aus statischen Gründen nach innen eingeknickt. Die ältesten Pyramiden wurden aus luftgetrockneten Lehmziegeln errichtet, dann folgten solche aus kleineren Steinblöcken, schließlich monumentale, exakt zugehauene Quader.

Die *Pyramide* war Teil eines größeren Grabkomplexes, zu

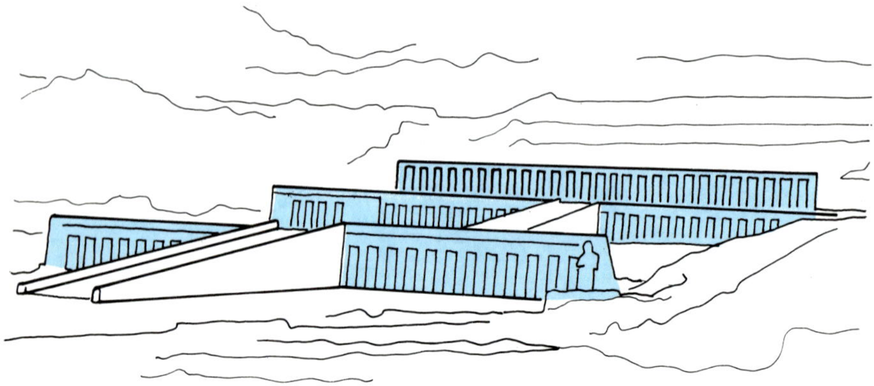

▲ In *Dêr el-Bahari (Theben-West)* steht am Westufer des Nils der *Totentempel der Königin Hatschepsut.* Hinter der Terrassenanlage mit vorgelagerten Pfeilerhallen ragt die riesige Felswand auf.

dem ein *Totentempel* auf der Ostseite der Pyramide gehörte sowie ein weiterer, der etwas tiefer, näher am Fluß, lag. Sie waren durch einen gedeckten, erhöhten *Aufweg* verbunden. Im Innern der Pyramide führte eine Reihe von Korridoren zu einem Hauptraum, der zur Aufnahme des königlichen Leichnams bestimmt war, sowie zu weiteren Räumen für den Totenkult. Die *Totentempel* des Grabbezirkes wurden mit quadratischen Pfeilern oder monumentalen Säulen aus Stein errichtet. Die Architrave waren schwere Steinblöcke, die Dachform waagerecht. Die Räume waren eng und dunkel. Ein typisches Beispiel ist *Memphis.*

Der ägyptische *Tempel* bestand aus einer Eingangshalle, einer oder mehreren *Pfeilerhallen,* einem *Statuenhof,* einer oder mehreren *Kapellen* und dem eigentlichen *Heiligtum.* Im Umkreis der Hauptpyramide befanden sich kleinere Pyramiden für die königliche Familie. Der berühmteste Pyramidenkomplex befindet sich in *Giza* mit den *Pyramiden* der Pharaonen der 4. Dynastie, *Cheops, Chephren*

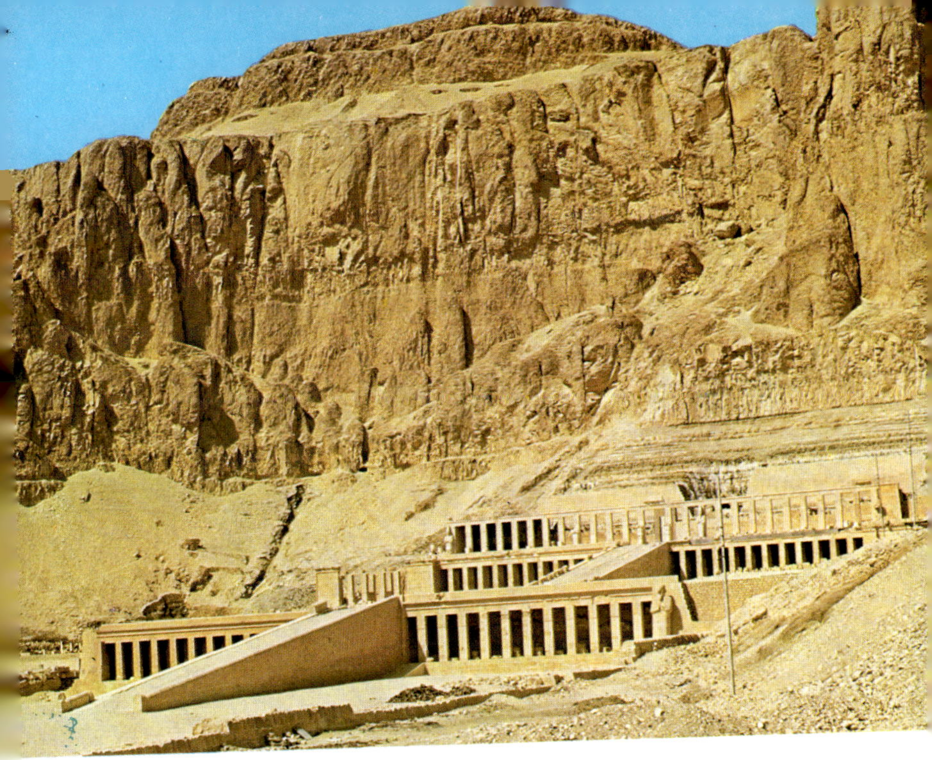

▲ Der *Totentempel der Königin Hatschepsut*, 18. Dynastie, in *Dêr el-Bahari* ist das Werk des *Senenmut*. Er bildet eine großartige Einheit von Natur und Kunst. Seine drei durch Rampen verbundenen Terrassen führen zur Hauptkapelle, die oben in den Felsen eingetieft ist.

und *Mykerinos*, und dem *Sphinx des Chephren*. Während der 5. Dynastie wurden die Kapitelle der Tempelsäulen in Form von Palmblättern und Lotosblüten gestaltet. Die Säulen selbst ahmten ältere Vorbilder aus vergänglichem Material nach, zusammengebundene Bündel von Schilfrohr oder Palmstämme. Sowohl für die *Palmsäule* als auch für die *Papyrusbündelsäule* entwickelten sich Varianten des Schaftes und der Kapitelle. Während das frühe Kapitell der Papyrussäule an die Form der geschlossenen Knospe erinnert, entwickelte sich eine reifere Form, die eine geöffnete Blüte symbolisiert sowie das glockenförmige Kapitell. Ferner gab es schlichte Säulenschäfte und blockhafte Kapitelle. Der *viereckige Pfeiler* ist ein wesentliches Element, das den Eindruck der gelagerten ägyptischen Architektur bestimmt.

Wenngleich es frühe Beispiele von *Monolithsäulen* gibt, die aus einem einzigen Block bestehen, waren die ägyptischen Säulen meist so groß, daß sie aus verschiedenen Blöcken aufgebaut werden mußten. Die Säulenschäfte

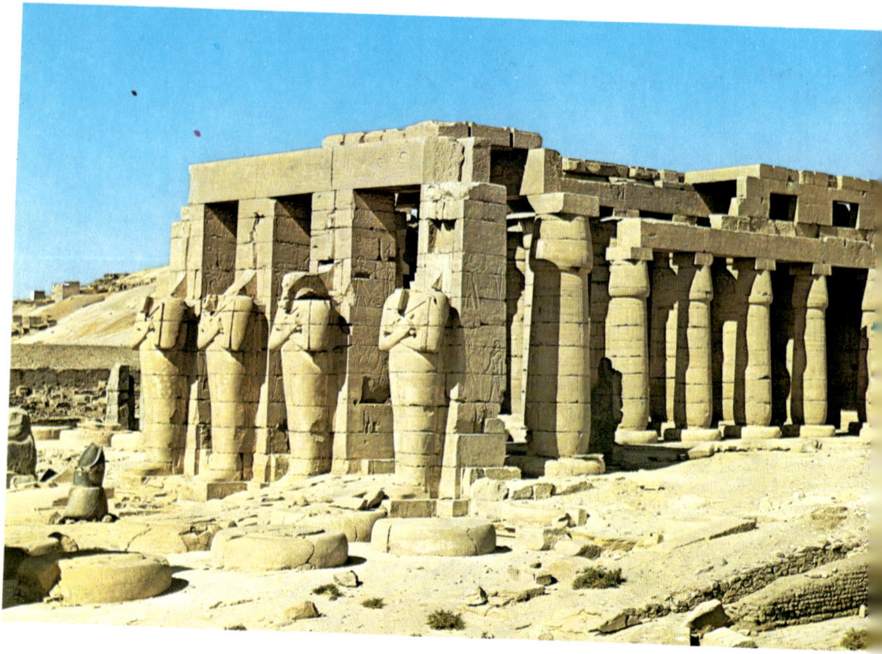

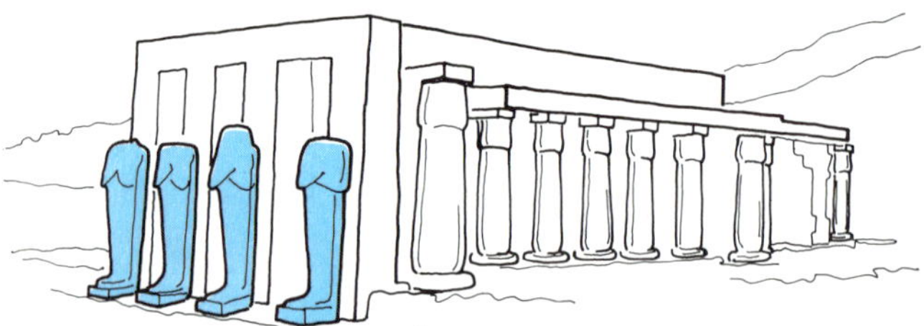

▲ ▶ Die *Pfeilerhalle des Ramesseums,* des Totentempels Ramses' II., 19. Dynastie, in *Theben.* Vier *Kolossalstatuen,* die den Pharao als *Osiris* verkörpern, jede 9 m hoch, stehen am Eingang.

wurden mit bildhauerischen Reliefs und mit Inschriften geschmückt. Sie waren ursprünglich bemalt, wobei die Farben Rot, Blau und Gelb vorherrschten. Beispiele der ägyptischen *Tempelbaukunst* sind aus der Zeit des *Mittleren Reichs* und des *Neuen Reichs* überliefert. Der *Tempel* entwickelte seine dreigliedrige Form analog zur Anlage des Wohnhauses: ein Zugang führte zu einem Empfangsraum, hinter dem sich ein weiterer Raum befand. Beim Tempel schlossen sich ein Säulenhof und eine Pfeilerhalle sowie das Heiligtum an.

Während die *Pyramide* als die typische Architektur des *Alten Reichs* gelten kann, ist die Überlieferung von Bau-

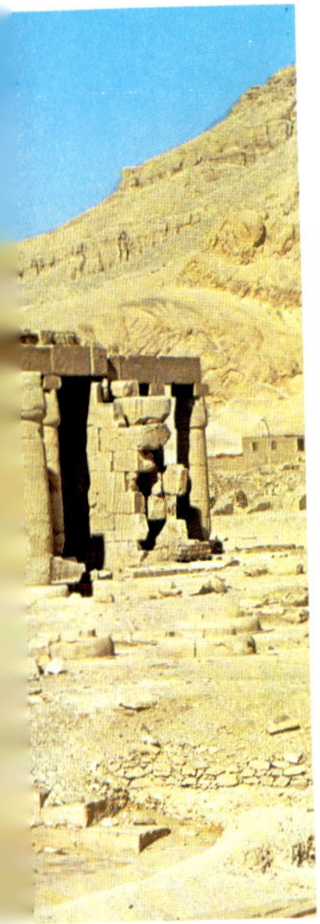

▼ Diese mächtigen Säulen stehen hinter dem *Pylon,* dem pyramidenförmigen Turm im Hintergrund im *Tempel Ramses' II. in Luxor*. Sie haben typische kissenförmige Basen und der Säulenschaft gleicht einem *Papyrusbündel,* die Kapitelle Lotosblumen.

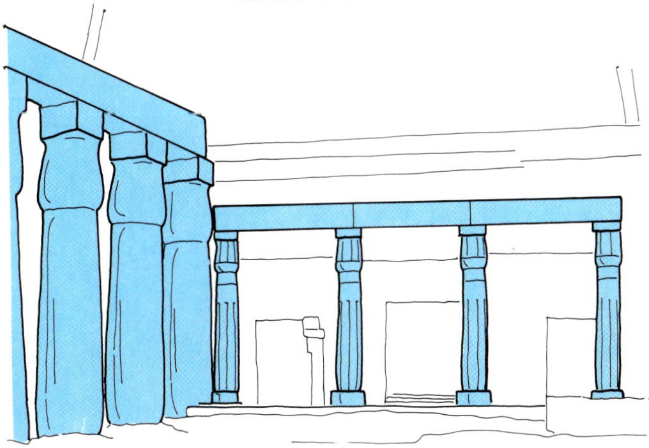

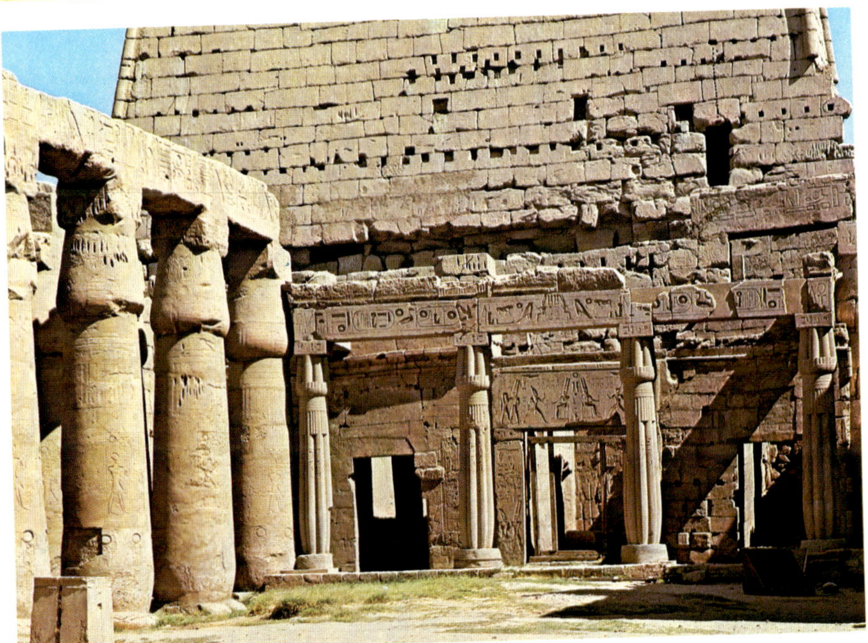

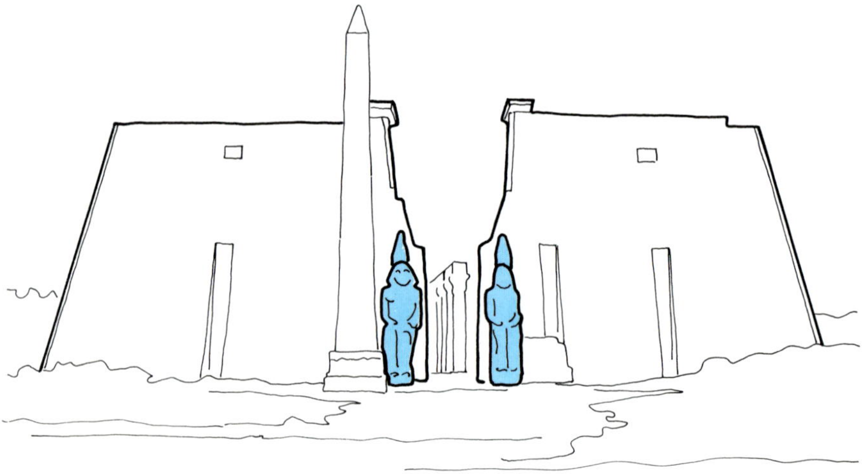

▲ Diese Fassadenform mit je einem trapezförmigen Turm – *Pylon* – zu Seiten des Eingangs war üblich für die Heiligtümer des Neuen Reichs. Häufig wurden zudem *Obelisken* davor aufgestellt, während monumentale Statuen von Göttern und Pharaonen vor den Mauern standen.

werken aus der Zeit des *Mittleren Reichs* spärlicher, vor allem weil sie durch spätere Überbauung überlagert wurden. Das gilt z. B. für den *Tempel des Amun*, des obersten Gottes in *Karnak*. Andere Tempel wiederum wurden zerstört oder in christliche Kirchen verwandelt.

Das einzige Bauwerk der 12. Dynastie, das erhalten blieb, ist die sog. *Weiße Kapelle des Sesostris I. in Karnak* (Abb. S. 21). Sie entstand um 1970–1925 v. Chr. und war eine *Prozessionskapelle*, die im Innern einen Ruhealtar für die Barke mit dem Götterbild hatte. Das kleine Bauwerk wurde zur Zeit des Pharao Amenophis III. aus der 18. Dynastie für die Fundamente seines dritten Pylon verwendet. Durch archäologische Ausgrabungen kamen diese Blöcke wieder zum Vorschein und konnten so 1927–1938 wieder zusammengesetzt werden. Die Prozessionskapelle ist beinahe quadratisch und hat 16 vierekkige Pfeiler im Innern. Die kultische Prozession nahm über zwei Rampen ihren Weg.

Aus dem *Neuen Reich* sind zahlreiche Bauwerke überliefert. In dieser Zeit waren die Tempelanlagen, den kultischen Anforderungen entsprechend, reicher geworden. Ein langer Aufweg, oft von Sphinxen gesäumt, führte zum

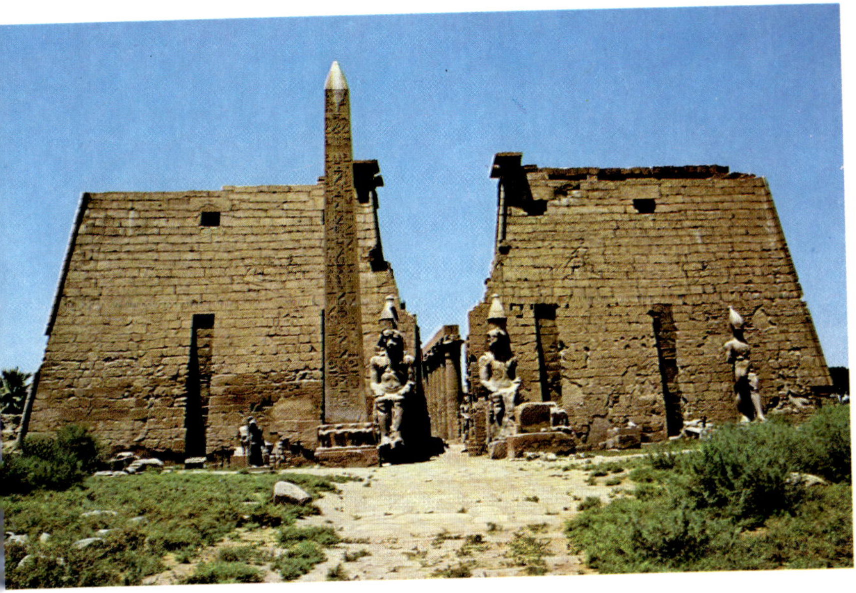

▲ Der *Eingang des Amuntempels von Luxor* wurde unter Amenophis III., 18. Dynastie, und Ramses II, 19. Dynastie, gebaut. Ramses ließ auch zwei *Obelisken* aus rotem Granit von Assuan hier aufstellen sowie seine beiden Statuen, die den Eingang flankieren. Den einen Obelisken brachten die Franzosen als Kriegsbeute nach Paris, wo er heute die Place de la Concorde schmückt.

Tempeleingang, dessen Portal von mächtigen Pylonen gerahmt war. *Obelisken* und *Skulpturen sitzender Pharaonen* rahmten häufig diesen Zugang. Dahinter öffnete sich ein großer *Binnenhof* mit seitlichen Säulenhallen für die Gläubigen, während eine weitere große Pfeilerhalle für die Priesterschaft anschloß. Den innersten Teil des Tempels umgaben einige Kapellen, hier befand sich das Allerheiligste mit der Götterstatue. Die einzelnen Komponenten der Tempelanlage waren um eine Symmetrieachse angeordnet. Der Zugangsweg und die Säulenhöfe hatten große Bedeutung im Kultgeschehen und bei den Prozessionen, mit denen die Feste der großen und kleinen Gottheiten begangen wurden. Innerhalb des umfriedeten Tempelbezirkes befanden sich auch die Priesterwohnungen und die Vorratshäuser, in denen die Erträge der dem Gott gehörenden Felder sowie die Opfergaben aufbewahrt wurden. Einige beachtliche Tempel aus dieser Periode befinden sich in *Theben*. Sie stammen aus der 18. Dynastie und wurden zur Zeit des *Neuen Reichs* erweitert. Das wichtigste Beispiel ist das *Amunheiligtum von Karnak* auf dem Ostufer des Nils bei Theben, nördlich vom heutigen Luxor. Es wurde von Thutmosis I. um 1523 v. Chr. be-

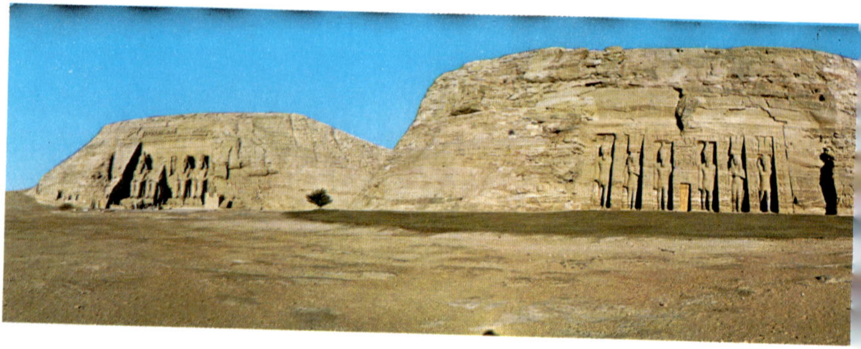

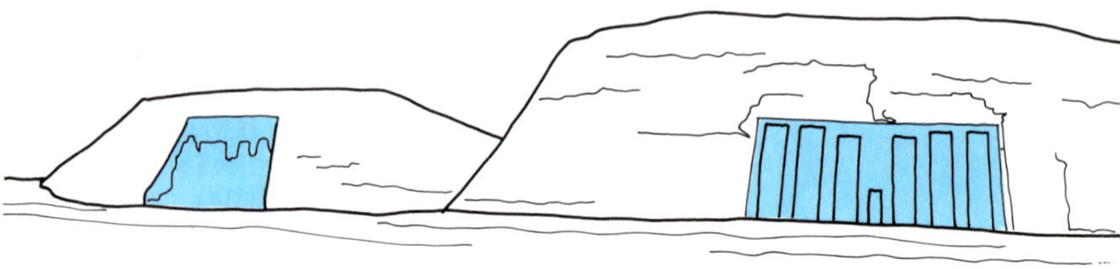

▲ Die *Felsentempel von Abu Simbel (Nubien).* Links steht der *Totentempel Ramses' II.,* rechts der *Totentempel der Königin Nefertari,* seiner Gemahlin. Der Ramsestempel mit den vier Kolossalstatuen des Königs an der Fassadenfront reicht 60 m tief in den Felsen hinein. Nur zur Zeit der Tag- und Nachtgleiche schienen die Sonnenstrahlen bis ins Innerste des Tempels auf die dort aufgestellten Statuen von *Amun, Rê-Harachte, Ptah* sowie des Pharao.

gonnen und dann unter Hatschepsut, Thutmosis III., Sethos I., Ramses I. und Ramses III. fortgeführt und bis in die römische Zeit weiter ergänzt. Der Amuntempel von Karnak hat einen großen Binnenhof, eine Pfeilerhalle mit doppelter Säulenstellung und zahlreiche Nebenräume.

Ein weiterer großer thebanischer Tempel befindet sich in *Luxor*. Dieses Heiligtum war der ägyptischen Götterdreiheit *Amun,* seiner Gemahlin, der Geiergöttin *Mut* und deren Sohn, dem falkenköpfigen *Chons* geweiht. Amenophis III. ließ es anstelle eines älteren Heiligtums errichten.

Unter den *Totentempeln* ist das *Ramesseum,* das für Ramses II. in *Theben* gebaut wurde, am eindrucksvollsten. Seine zwei Höfe führen zu Pfeilerhallen und zahlreichen Nebenräumen. Weitere Beispiele sind in *Dêr el-Bahari* gegenüber von Karnak zu finden sowie in *Abu Simbel,* weit im Süden. Der frühere der beiden *Totentempel von Dêr el-Bahari* ist *Mentuhotep I.,* einem Herrscher der 11. Dynastie geweiht; er stammt aus der Zeit um 2000 v. Chr., der andere war für die *Königin Hatschepsut* aus der 18. Dynastie bestimmt, einer berühmten Herrscherin,

▼ Zwei Gruppen von *Kolossalstatuen* flankieren den Eingang zum *Totentempel der Königin Nefertari in Abu Simbel*. Die Königin steht neben ihrem Gatten, Ramses II. Die *Hieroglyphen* an den Pfeilern enthalten die Weihinschrift. Vor wenigen Jahren wurden die beiden Tempel in Blöcke zerlegt und höhergelegen wieder aufgerichtet, um den Assuanstaudamm bauen zu können.

die als Pharao regierte. Beide Tempel sind an einer hohen Felswand gebaut und großenteils in sie eingetieft. Der *Totentempel Mentuhoteps I.* war eine Terrassenanlage. Es gehörte eine Pyramide dazu, die auf Säulenreihen ruhte. Der *Totentempel der Königin Hatschepsut,* den sie für sich und ihren Vater Thutmosis I. errichtete, bestand aus zwei ansteigenden, durch Rampen verbundenen Terrassen, denen mächtige Pfeilerhallen vorgelagert sind. In *Abu Simbel* wurden zwei Tempelanlagen aus dem Fels herausge-

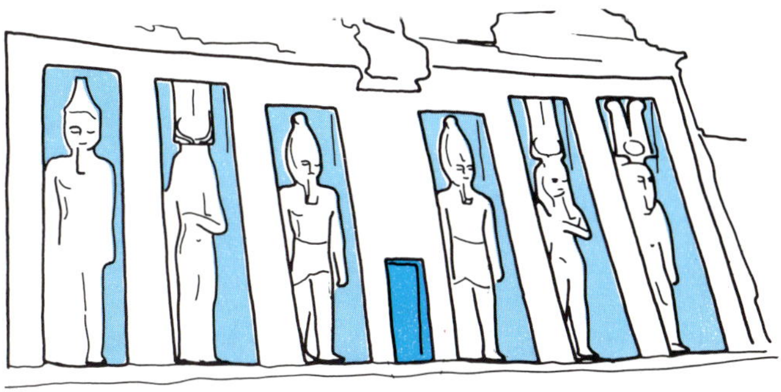

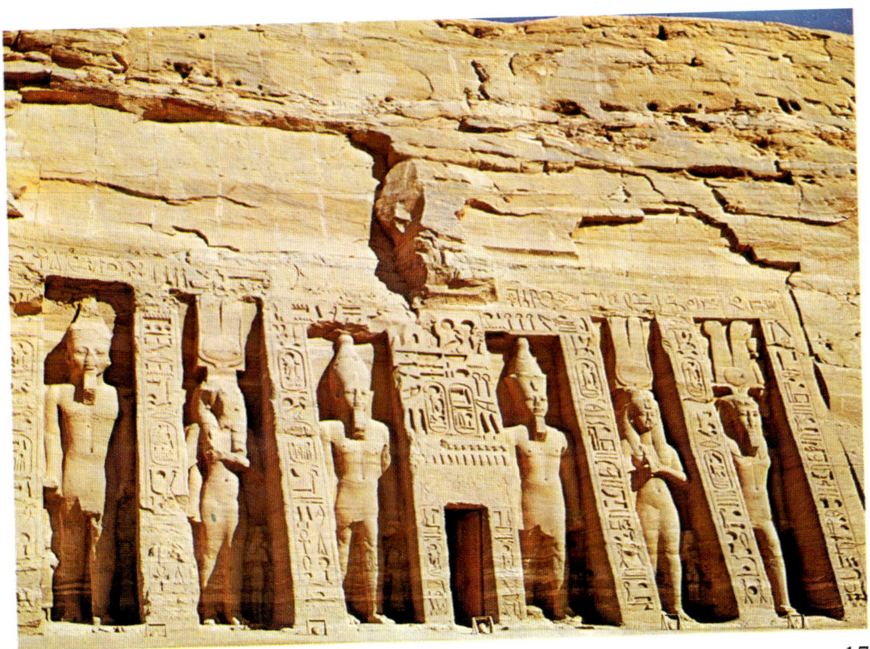

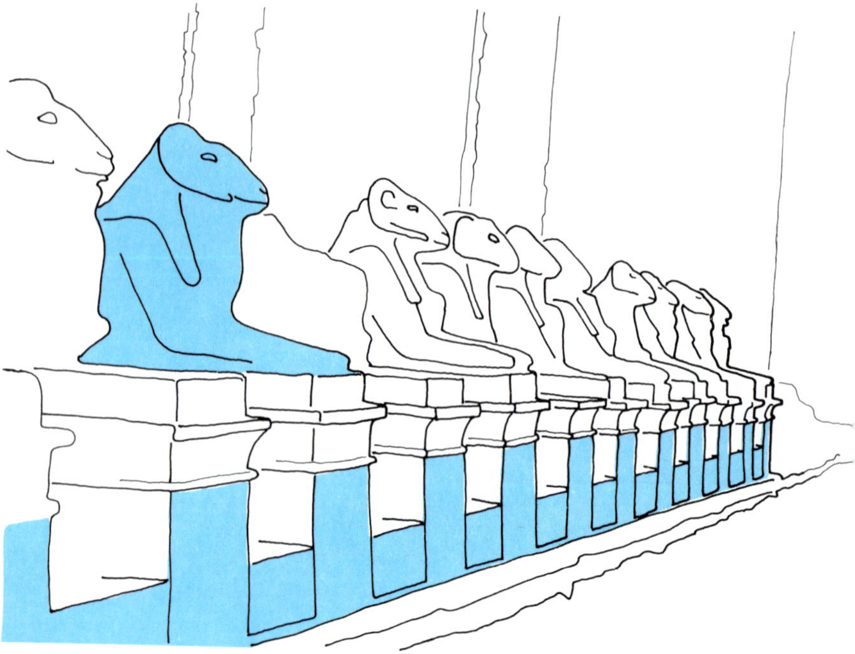

▲ *Sphinxalleen* säumten den Zugangsweg zu den Tempeln, die während des Neuen Reichs gebaut wurden. Der Widder war das dem Gott Amun heilige Tier.

arbeitet. Der größere Tempel wurde dem göttlichen Ramses II. und den drei Hauptgottheiten geweiht: *Amun-Rê, Ptah,* dem Schöpfergott, und *Rê-Harachte,* der sowohl mit dem Sonnengott als auch mit dem falkenköpfigen Horus identifiziert wurde. Der kleinere Tempel von Abu Simbel ist der Gemahlin des Königs, *Nefertari*, und der Göttin *Hathor,* die oft in Gestalt einer Kuh wiedergegeben wird, geweiht. Die Fassade des größeren Tempels ist 32 m hoch und 36 m lang und mit vier Kolossalstatuen des Herrschers geschmückt. Die erste Pfeilerhalle des Felsentempels enthält acht Kolossalstatuen Ramses' II. als Osiris. Ein Hof mit vier Pfeilern führt zum Heiligtum. Der Tempel erstreckt sich über 60 m in den Felsen hinein. Die Fassade des kleineren Tempels ist 27 m hoch und 11 m breit und zeigt sechs paarweise angeordnete Statuen, die Ramses II. und Nefertari als Hathor darstellen.

Ein offensichtlicher Wechsel machte sich während der Herrschaft des Pharao *Amenophis IV*. aus der 18. Dynastie bemerkbar, der religiöse Reformen vornahm und den monotheistischen Kult des Sonnengottes *Aton* propa-

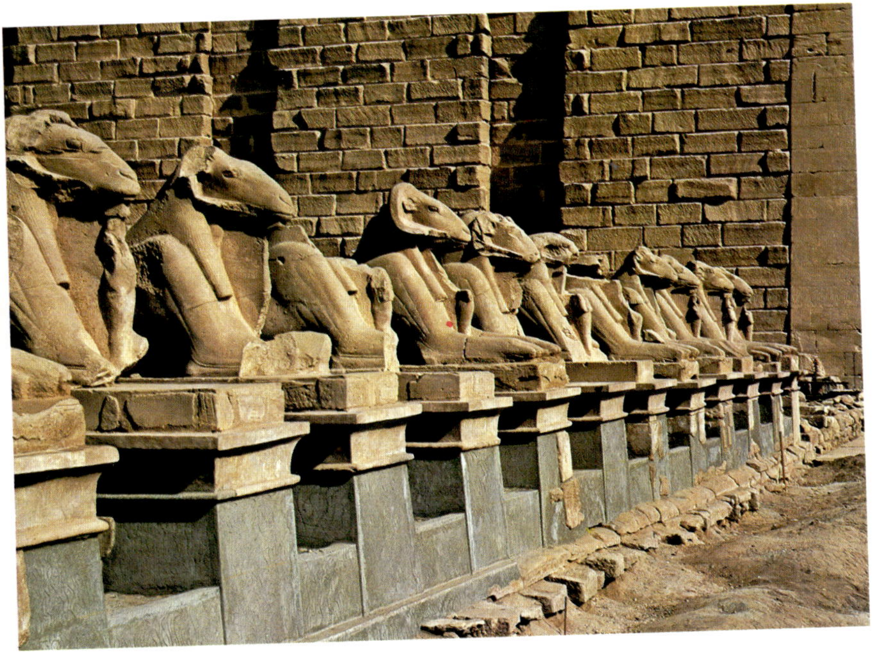

▲ Die *Sphinxe,* die am Zugangsweg zu dem Tempel des Gottes Amun in Karnak liegen, haben Löwenleiber und Widderköpfe. Jeder Sphinx hält eine Statue des Gottes und des Pharao zwischen den Pranken.

gierte. Er nahm selbst den Namen *Echnaton* an und gründete eine neue Residenz am Ort des heutigen *Amarna,* zwischen Theben und dem Nildelta. Sein *Tempel des Aton* besteht aus einem Pfeilerbau, der in drei Binnenhöfe führt, einer Pfeilerhalle und dem Heiligtum, alles in Längsanordnung. Die Zeremonien, die hier zu Ehren des Sonnengottes durchgeführt wurden, fanden im Licht statt und nicht – wie bei den traditionellen Feiern – in der Dunkelheit eines Heiligtums.

Ein weiteres Charakteristikum der ägyptischen Baukunst war der *Obelisk. Hieroglypheninschriften* auf den Seitenflächen dieser Monolithe nannten den Namen des Königs, der den Auftrag erteilt hatte, und das Ereignis, an das sie erinnerten. Der Ursprung solcher Obelisken ist in sehr früher Zeit zu suchen, als aufrecht stehenden Steinblöcken eine magische Wirkung zugeschrieben wurde und sie als frühe Kultmäler dienten. In Ägypten hatten die Obelisken die Bedeutung der Erinnerung an die Erschaffung der Welt durch den Sonnengott, und sie wurden so am Tempeleingang aufgestellt, daß sie von den ersten Strahlen der

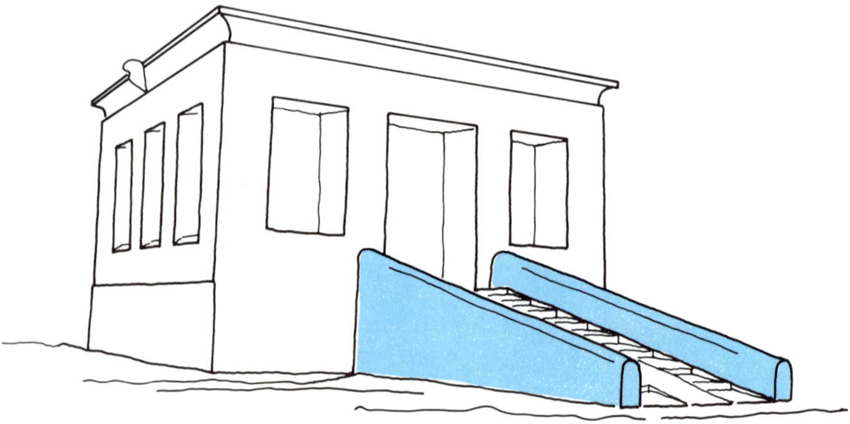

▲ Die kleinen *Kapellen* im Bereich der ägyptischen Heiligtümer gehen auf uralte Vorbilder zurück. Sie entsprechen ihrer kultischen Aufgabe. Bei den religiösen Feiern, die alljährlich in Karnak zu Ehren der höchsten Götter begangen wurden, betrat z. B. der Festzug die kleine *Prozessionskapelle* über die vordere Rampe, nahm innen eine Kulthandlung vor und zog über die symmetrisch angelegte rückwärtige Rampe weiter.

aufgehenden Sonne getroffen wurden. Sie symbolisierten ebenso die Verehrung der Herrscher für Amun-Rê, den König der Götter. Obeliske wurden häufig aus einzelnen Granitblöcken von Assuan geschaffen. Sie wurden auf riesigen Lastkähnen auf dem Nil transportiert, und Erdrampen wurden gebaut, um ihre Aufrichtung zu ermöglichen. Der größte erhaltene ägyptische Obelisk, den Thutmosis III. in Auftrag gab, steht heute in Rom auf der Piazza San Giovanni in Laterano. Er ist fast 32 m hoch und hat ein Gewicht von 460 Tonnen. Er wurde aus einem einzigen Block aus rotem Assuangranit gehauen.

Die *Wohnhäuser* des alten Ägypten wurden aus luftgetrockneten *Lehmziegeln* und *Nilschlammziegeln* gebaut. Daher konnten sie die Jahrtausende nicht überstehen. Es blieben jedoch Modelle in den Gräbern des *Mittleren Reiches* erhalten und so wissen wir, daß sie ein oder auch zwei Stockwerke , Terrassendächer und mitunter Balkone hatten. Aufschluß gaben auch die Reste einer Stadtanlage, die für die Arbeiter der *Nekropole von Theben* (19.–20. Dynastie) geschaffen wurde. Jedes Haus bestand aus einer Folge regelmäßig angeordneter Räume; der Standardtypus hatte drei Räume mit Küche und Vorratslager ganz hinten; einige waren unterkellert. Der vordere Hauptraum hatte manchmal in der Mitte eine hölzerne Säule.

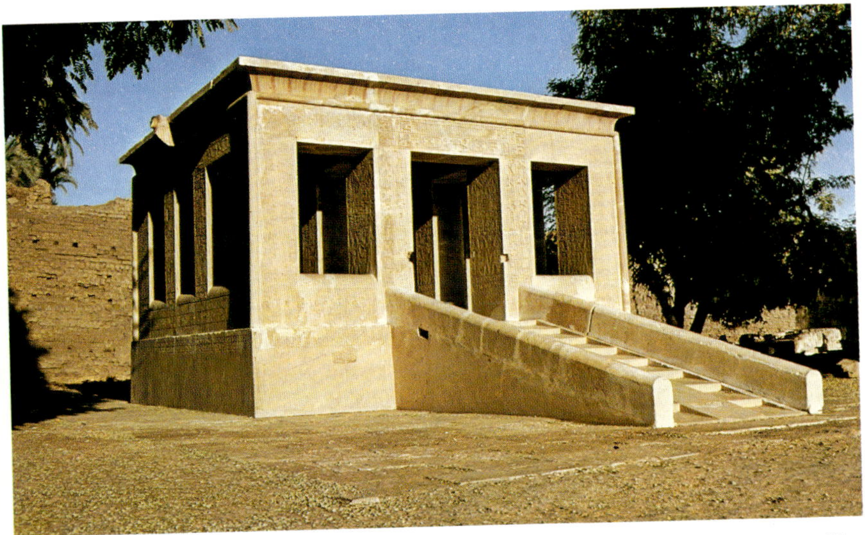

▲ Die sogenannte *Weiße Kapelle des Sesostris I. in Karnak* entstand unter der 12. Dynastie, um 1970–1925 v. Chr. Unter Amenophis III. wurde sie abgebrochen und ihre Blöcke für den dritten Pylon des Amuntempels verwendet. Die Rekonstruktion erfolgte zwischen 1927 und 1938 in unserem Jahrhundert.

Eine weitere Ansiedlung dieses Typus wurde in der Nähe der Nekropole von Amarna gefunden, doch scheint sie nur kurze Zeit bewohnt gewesen zu sein.

Aufschluß über den *Profanbau* geben ferner einige Reste der königlichen Paläste von Theben-West und Amarna, sowie die Grundrisse der Villen, die von den Würdenträgern und Priestern Echnatons bewohnt wurden. Der Hauptbestand stammt aus dem *Neuen Reich,* doch sind auch die Ruinen einer ganzen Stadt des Mittleren Reichs aus Lahûn im Gebiet von Fajûm bekannt, einige Meilen südlich von Sakkara. Sie stammen aus der Zeit des Sesostris II., 12. Dynastie. Diese Ansiedlung bestand aus Lehmziegelhäusern, die von Angehörigen verschiedener Gesellschaftsschichten bewohnt waren. Die Straßen schnitten sich im rechten Winkel. Die Häuser der Wohlhabenden standen auf einem Grundstück von 60 m × 45 m. Sie hatten einen zentralen Binnenhof, einen von Säulen getragenen Wohnraum sowie kleinere Nebenräume. Die Säulen waren aus Holz und ruhten auf Steinbasen.

Während der 12. Dynastie wurden auch für militärische Zwecke wehrhafte Befestigungen angelegt, vor allem im Süden als Folge der Expansion nach Nubien. Diese Forts hatten einen Viereckgrundriß mit Türmen an den Ecken.

Die Reste ägyptischer *Palastarchitektur* aus der Zeit des

Neuen Reichs zeichnen sich durch ihre wohldurchdachte Komplexität aus. Sie wurden üblicherweise abseits der Städte und Tempelbezirke angelegt und umfaßten mehrere Bauwerke: die Residenz des Pharao und seiner Familie, die Sitze der Hofbeamten sowie Tempel für die Hauptgottheiten und die persönlichen Schutzgötter des Herrschers. Der Bezirk des königlichen Palastes von Amenophis III. (18. Dynastie) in Theben-West enthielt auch einen Amuntempel sowie ein Wohnviertel der Handwerker, die für den Hof tätig waren. Gerade Straßen gliederten die Anlage. Wie üblich war dieser Bereich aus Lehmziegeln gebaut, so daß nur noch die allgemeinen Züge der Anlage übrigblieben. Die Säulen und Decken bestanden aus Holz, während Stein nur für die Türeinfassung verwendet wurde. Die Wände waren mit Stuck bedeckt, in dessen Masse

▶ Der Begriff *Scheintür* wird für die Nischen der Grabkammern verwendet, in denen der Verstorbene als Standbild erscheint. Die Scheintür ist der kultische Mittelpunkt der Grabkammer, die Verbindungsstelle zwischen den Lebenden und den Toten. Nach der Vorstellung der ägyptischen Religion nahm hier der Verstorbene die Opfergaben entgegen, die zur Erhaltung seiner Lebenskraft niedergelegt wurden. Die Größe der Scheintür und der Totenstatue hing mit der Bedeutung des Verstorbenen zusammen.

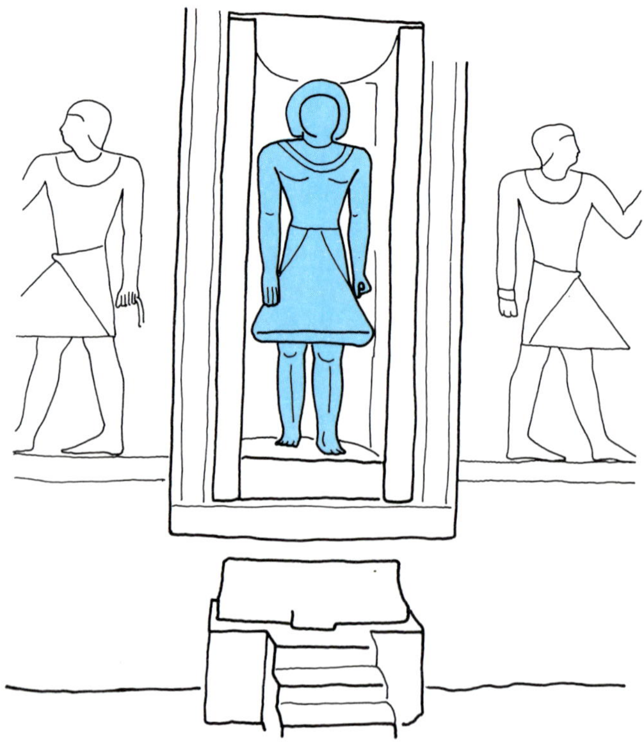

Stroh gemengt war und mit Bildern von Pflanzen, Tieren und Vögeln bemalt.
Der ausgedehnte königliche *Palast des Amenophis-Echnaton in Amarna* gehört zu den schönsten Beispielen antiker Profanarchitektur. Er wurde an der Südseite des großen Atontempels errichtet und erstreckte sich mit verschiedenen Gebäuden am Nilufer entlang. Die offizielle Pharaonenresidenz bestand aus einer großen Pfeilerhalle mit 510 Stützen als Zugang zum Thronraum. Die Privatgemächer befanden sich in einem separaten Haus, die Verbindung wurde durch einen Prozessionsweg hergestellt. Zum Palastbezirk gehörten zwei Haremsgebäude, zwei Gärten, Tempel, Kapellen und zahlreiche Nebenräume.

▶ Die *Scheintür in der Mastaba des Mereruka in Sakkara*. In der Türnische erscheint der Verstorbene, um die Opfergaben entgegenzunehmen. Während des Totenrituals sprach der Priester bestimmte Gebetsformeln (sog. *Mundöffnung)*, um der Statue Leben einzuhauchen, die dann als lebendig galt.

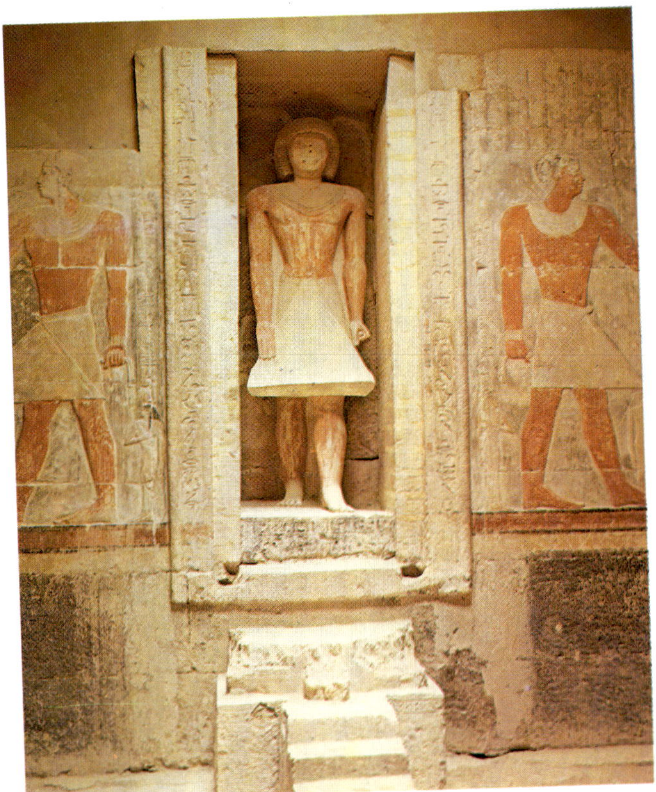

Die Skulptur

▶ Dargestellt ist der Pharao der 4. Dynastie, *Mykerinos,* mit der Göttin *Hathor* und einer *Gaugöttin.* Diese Darstellung soll die Macht des Pharao über das Land dokumentieren. Die 98 cm hohe Skulptur stammt aus dem Tempel des Königs in Giza.

Die ägyptische *Bildhauerei* hat über einen Zeitraum von rund 3 000 Jahren unzählige Werke von einheitlicher Art und hoher Qualität hervorgebracht. Da die ägyptischen Künstler ihre Arbeiten üblicherweise nicht signierten, sind uns kaum deren Namen bekannt. Die Traditionsgebundenheit der ägyptischen Kunst erfuhr gegen Ende der 18. Dynastie in der *Amarnakunst* eine eigenwillige Variante. Wir verdanken ihr einige der schönsten ägyptischen Skulpturen, darunter das berühmte Bildnis der *Nofretete,* der Gemahlin Echnatons, das zu Beginn unseres Jahrhunderts wieder ausgegraben wurde (Abb. S. 36, 37).
In vorgeschichtlicher Zeit wurden in Ägypten *Tiergötter* verehrt, da die Annahme bestand, daß sich die Götter in Tiergestalt verkörperten. Diese Tradition hatte in der

▶ Schon im *Alten Reich* waren genaue Regeln zur idealen Darstellung der menschlichen Gestalt festgelegt worden, um dem Rang dieser Aufgabe gerecht zu werden. Für die Darstellung von *Göttern, Pharaonen* und *Würdenträgern* waren nur zwei Grundtypen zulässig: die aufrecht vorwärtsschreitende oder die thronende Gestalt.

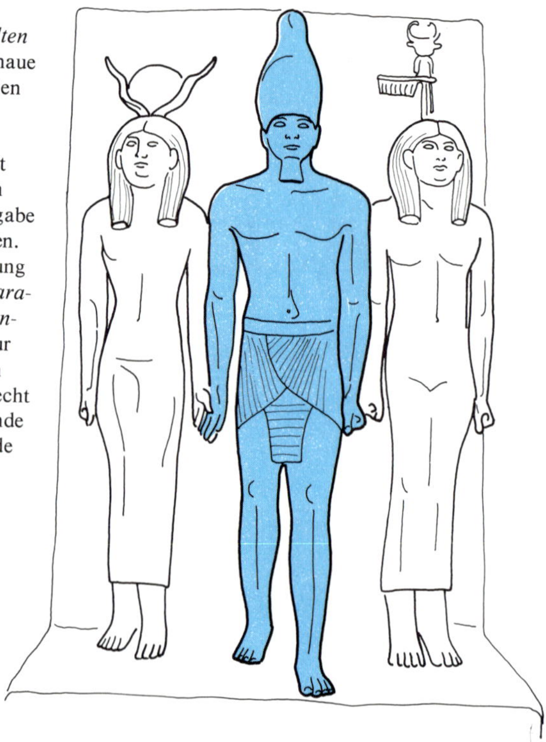

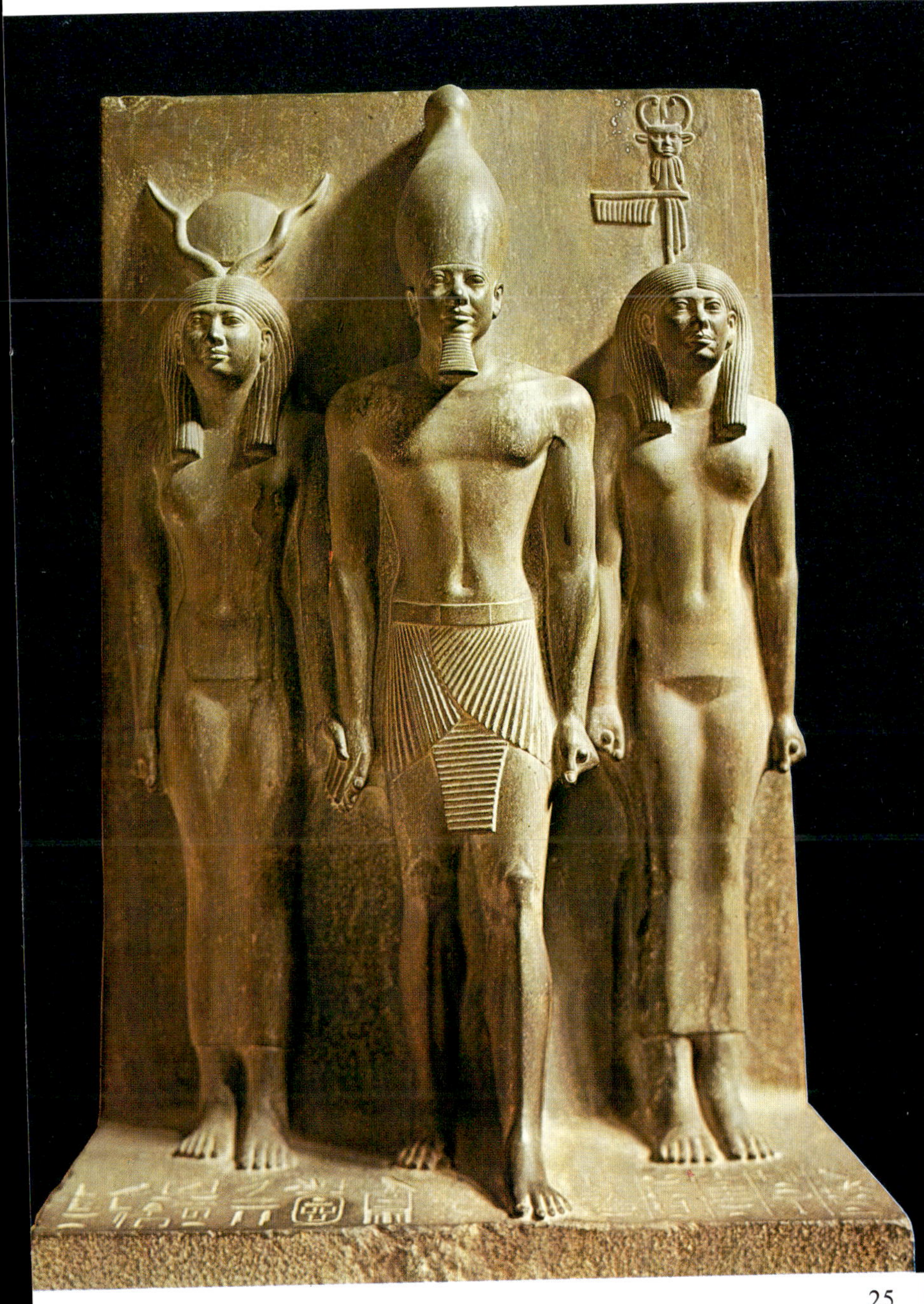

ägyptischen Kunst eine außerordentlich lange Nachwirkung, so daß Tier- und Mischgestalten für Götter üblich blieben. *Horus* z. B. nahm die Gestalt des Falken an, *Anubis,* der Totengott, hatte einen Hundekopf, die Himmelsgöttin *Hathor* erschien in Gestalt der Kuh.
Während des *Alten Reichs* stand die Bildhauerei in enger Verbindung mit der Grabarchitektur. Die Statuen, die in den Grabkammern und in den Totentempeln aufgestellt wurden, waren idealisierte Bildnisse der Toten. Es herrschte die Vorstellung, daß die Toten aufgrund dieser Verkörperung weiterhin am irdischen Leben teilnehmen und ebenso im Jenseits wie zuvor fortleben könnten, selbst

▶ Diese Statue zeigt den *Pharao Chephren,* der seit 2558 v. Chr. regierte. Den Kopf des Herrschers beschützt der göttliche *Horusfalke* mit seinen ausgebreiteten Flügeln. Der Pharao ist als Thronender dargestellt. Seine Hände ruhen fest auf den Oberschenkeln. Seitlich an seinem Thron sind symbolisch Lilie und Papyrus verschlungen als Zeichen der Einheit von Ober- und Unterägypten, während die Löwenattribute am Thron die Macht des Herrschers bedeuten. Dieser Typus sollte 2000 Jahre lang seine Gültigkeit behalten.

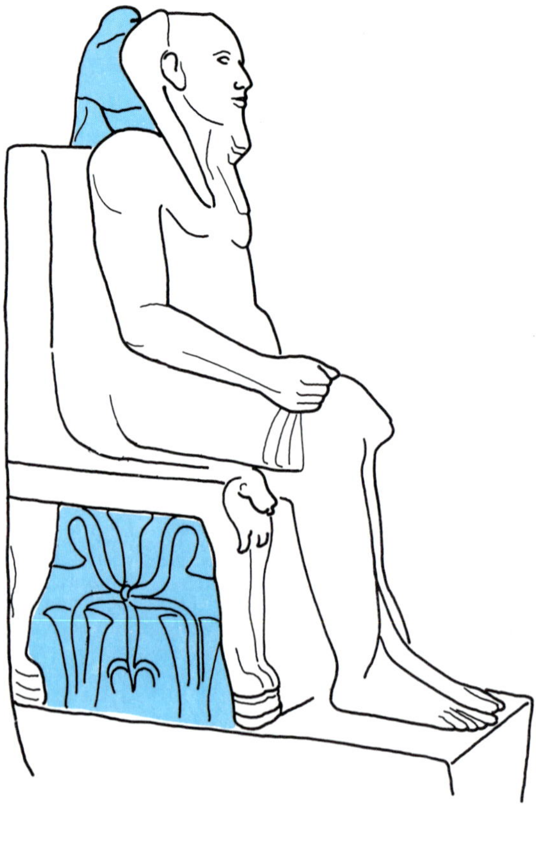

wenn der Leichnam beschädigt oder durch Grabräuber zerstört würde. Der bildlichen Verkörperung kam damit eine außerordentliche Bedeutung zu: Die ägyptische Statue hatte die Aufgabe, als Stellvertreter des zerfallenden Körpers der Seele des Grabherrn als Wohnung zu dienen. Formal unterscheidet man zwischen Stand- und Sitzfigur, ikonographisch trennt man zwischen Götter-, Königs- und Privatplastik. Die religiösen Vorschriften verlangten, daß die Dargestellten eindeutig zu identifizieren waren. Daher wurden Name und Titel der hochgestellten Persönlichkeiten an der Basis oder am Thron der Statue eingemeißelt. Gewöhnliche Sterbliche wurden der Verewigung nicht ge-

▶ Die *Sitzfigur des Pharao Chephren,* 4. Dynastie, ist aus Diorit und hat eine Höhe von 1,68 m.

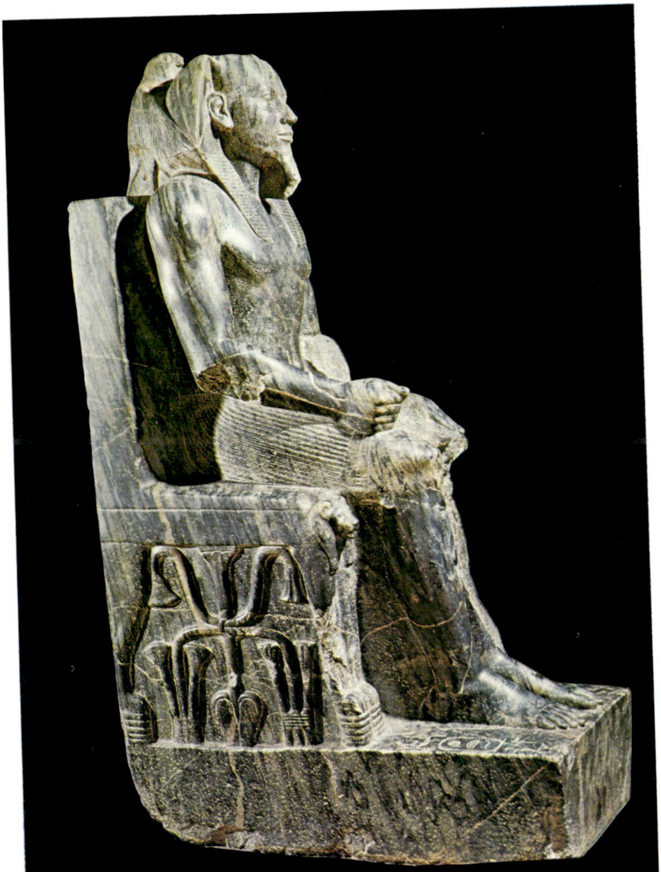

würdigt. Es war Aufgabe der Priester, die Statue durch bestimmte magische Formeln, die sog. *Mundöffnung*, zum Leben zu erwecken. Da die toten Pharaonen zu Göttern geworden waren, wurden auch ihre Statuen in den Totentempeln als Kultobjekte verehrt. Ein Kennzeichen der Statuen aus der Zeit des *Alten Reichs* ist ihre kraftvolle Geschlossenheit, trotz der ausdrücklichen Stilisierung. Die Statue des Pharao *Djoser* aus der 3. Dynastie, die aus seinem Grab in der Stufenpyramide von Sakkara stammt, ist ein Prototyp der monumentalen ägyptischen Bildhauerei. Während der 4. Dynastie nahm die Zahl der königlichen Statuen zu. Die Statue Djosers z. B. war in einem kleinen Nebenraum innerhalb seiner Pyramide aufgestellt und daher nicht für die Betrachtung bestimmt, die Statuen der 4. Dynastie dagegen zeigen die Herrlichkeit des Pharao im vollen Sonnenlicht. Das berühmteste Beispiel ist der *Sphinx von Giza*, dessen Gesicht den Pharao *Chephren* abbildet (Abb. S. 4).

Von den Statuen der Pharaonen der 4. Dynastie, *Snofru* und *Cheops* sind nur noch Fragmente vorhanden, doch sind einige vortreffliche Bildnisse des *Chephren* und *Mykerinos* überliefert. In der schwarzgrünen Dioritstatue aus seinem Totentempel von Giza ist *Chephren* in großartig monumentaler Vereinfachung verkörpert (Abb. S. 27). Aufrecht, mit in die Ewigkeit gerichtetem Blick, thront der Herrscher, von *Horus* beschützt. Bei der traditionellen Haltung liegen die Hände fest auf den Oberschenkeln. Von *Mykerinos* sind mehrere Statuen bekannt, darunter die Gruppe in Kairo, die ihn zwischen der Göttin *Hathor* und einer *Gaugöttin* zeigt. Die überirdische Entrücktheit des Chephren ist einer menschlicheren Interpretation gewichen (Abb. S. 25).

Zu den besten erhaltenen Skulpturen der 4. Dynastie gehört die Gruppe *Prinz Rahotep und seine Gemahlin Nofret*. Ihre Augen sind aus Bergkristall eingesetzt, der Körper des Mannes ist rotbraun bemalt, der seiner Frau gelb (Abb. S. 31).

Individueller sind die Statuen der 5. Dynastie, wie die beiden *Schreiber*, die man in der Nekropole von Sakkara (Abb. S. 29) fand, oder der stämmige „Dorfschulze“, der eigentlich Kaaper hieß und das verantwortungsvolle Amt

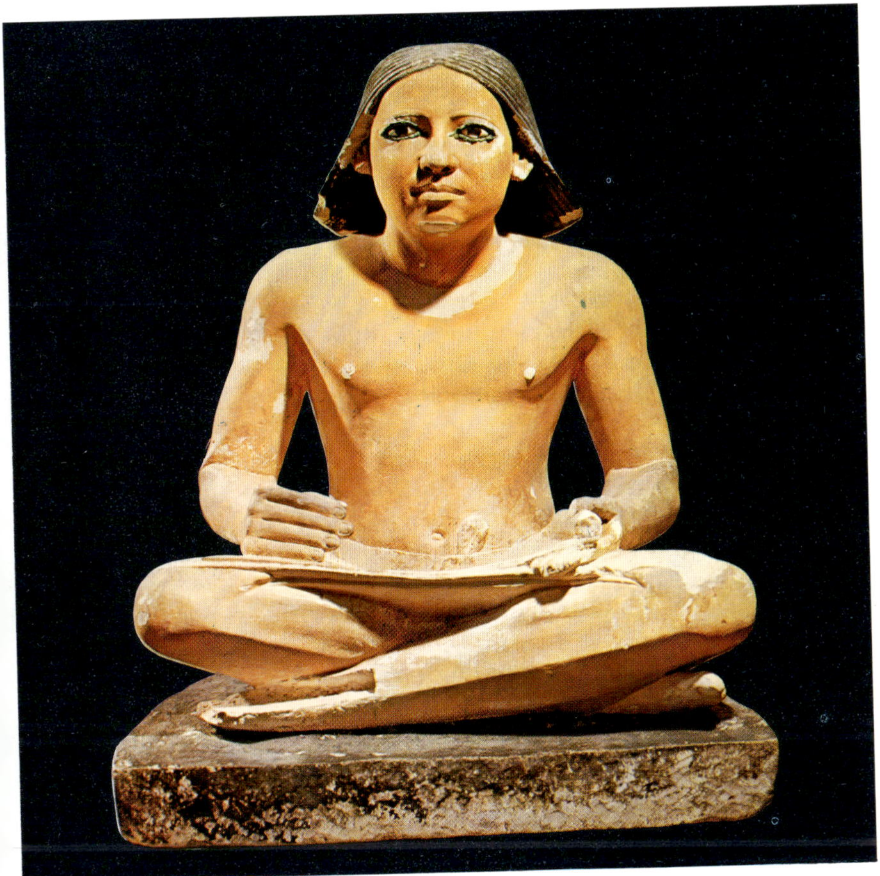

▲ ▶ Diese Skulptur eines mit gekreuzten Beinen hockenden *Schreibers,* der die Papyrusrolle auf den Knien hält, ist aus bemaltem Kalkstein. Die Haltung ist typisch für die Darstellung ägyptischer Schreiber, die einen hohen Rang hatten. Die Form der *Perükke* ist ein wichtiges Hilfsmittel zur Datierung. Diese für das Alte Reich charakteristische Form gehört der 5. Dynastie an.

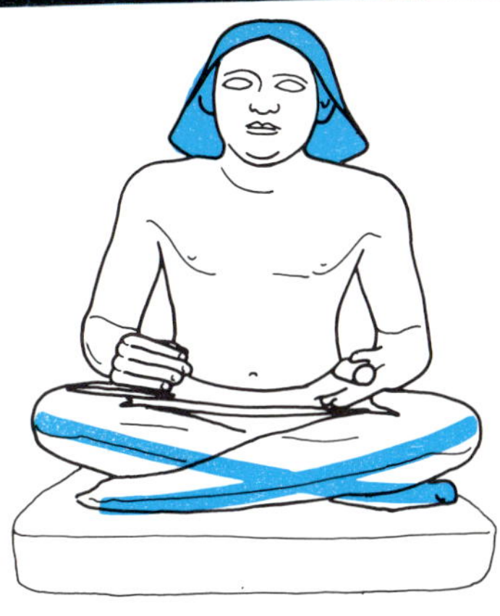

des Priesters innehatte und für die korrekte Rezitation der Totengebete zuständig war. All diese Skulpturen des Alten Reichs besitzen natürliche Lebendigkeit, obwohl sie bestimmte festgelegte Grundtypen wiedergeben, die lange Zeit ihre Gültigkeit behalten sollten.

In der *Ersten Zwischenzeit* war Stein, vielleicht aus wirtschaftlichen Gründen, für die Skulptur kaum gebräuchlich. Außer einigen Alabasterarbeiten war *Holz* das übliche Material. Die Technik war in dieser Zeit oberflächlicher, zum Teil wurden auch die traditionellen Proportionen nicht beachtet. Nur wenige Skulpturen sind aus dieser Periode überliefert, und sie lassen sich nicht leicht datieren. Typisch sind die bemalten *Holzmodelle*, die für die Gräber von Prinzen bestimmt waren.

Die Bildhauer des *Mittleren Reichs* griffen auf die bedeutenden Vorbilder des *Alten Reichs* zurück, sie führten je-

▶ Diese *Statuengruppe* aus der Zeit der 4. Dynastie, die aus einem Grab stammt, zeigt die für die Angehörigen der herrschenden Klasse typische Haltung.

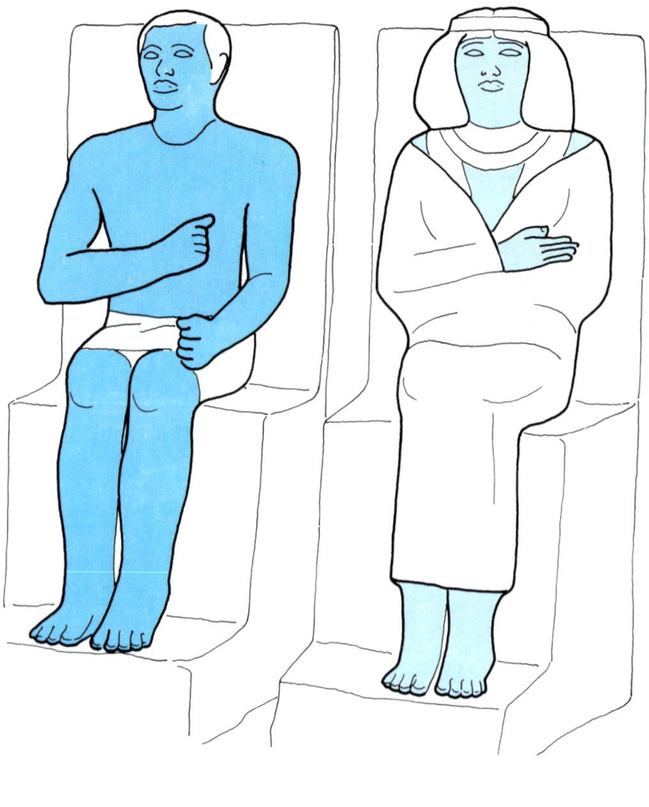

doch realistische Details in ihre Darstellungen ein, die ehemals undenkbar gewesen wären. Vor allem die Gesichter bekamen ein individuelles Aussehen. Die 12. Dynastie brachte ein goldenes Zeitalter für die Bildhauerei des *Mittleren Reichs*. Das Interesse für realistische Details nahm zu, und die königlichen Statuen hatten nicht mehr die überirdische Entrücktheit des Alten Reichs. Die Porträts Sesostris' III. und Amenemhêts' III. mit ihrem sorgenvollen Ausdruck und den tief eingesunkenen Augen lassen Zweifel an der ewigen Autorität dieser Herrscher aufkommen. Die Schreckensperiode der Bürgerkriege, die dem Zusammenbruch des Alten Reichs gefolgt war, hatte ihre Spuren hinterlassen. Realistische Details prägten auch die Porträts weniger prominenter Persönlichkeiten.

Wenn auch während des *Mittleren Reichs* keine spezifischen Bildhauerschulen bestanden, lassen sich doch eini-

▶ *Prinz Rahotep und seine Gemahlin Nofret,* 4. Dynastie. Die beiden Statuen wurden in einer Grabkammer der Nekropole von Medûm, südlich von Memphis entdeckt. Das Material ist Kalkstein, die Höhe 1,20 m. Sowohl die Körperhaltung als auch die Farbgebung entsprach den festgelegten Vorschriften. Braunrot war für die männliche Haut üblich, gelb für die der Frau.

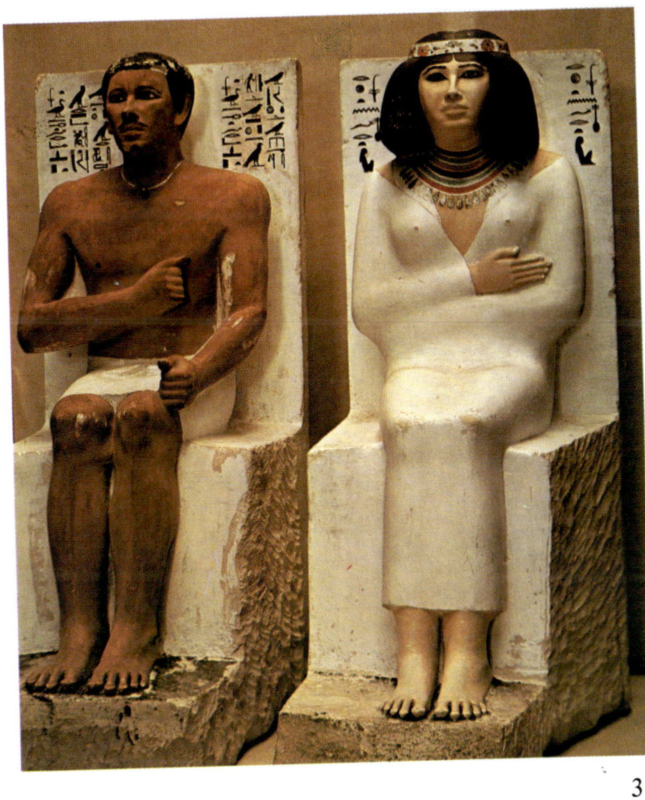

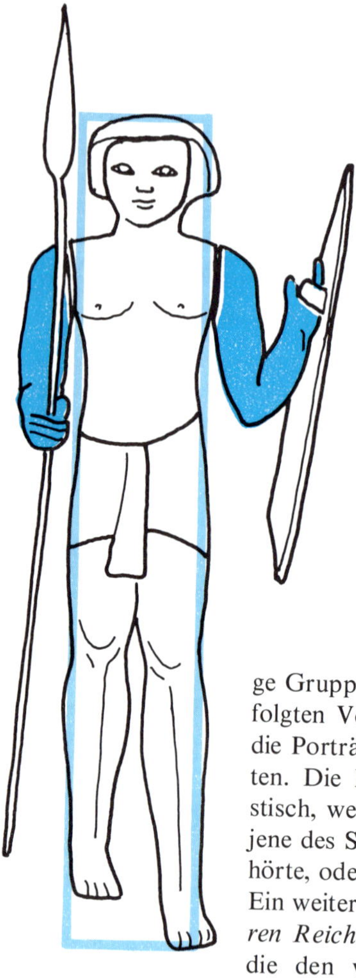

◀ ▶ Kulturgeschichtlich aufschlußreich sind die *Holzmodelle* und *Figurengruppen* aus der Zeit des *Mittleren Reichs,* seit der 12. Dynastie. Dargestellt wurden Alltagsszenen, wie diese *Gruppe von Soldaten.* Diese Figuren wurden den Verstorbenen mitgegeben, damit diese im Jenseits ihre Funktionen weiterhin ausüben könnten.

ge Gruppen mit individuellen Zügen unterscheiden. Einige folgten Vorbildern der 5. Dynastie, während sich andere, die Porträts Sesostris' III. schufen, um Realismus bemühten. Die Bildnisse Amenemhêts III. sind ziemlich realistisch, wenngleich sie auch manieristischer erscheinen als jene des Sesostris II., der ebenfalls der 12. Dynastie angehörte, oder Sesostris' III.

Ein weiteres typisches Produkt der Bildhauerei des *Mittleren Reichs* waren die kleinen *Figurengruppen aus Holz,* die den vornehmen Toten mitgegeben wurden, damit ihnen alle Dienstleistungen zur Verfügung stünden, die sie auch im Jenseits nötig hätten. Es handelte sich um maßstäblich verkleinerte Wiedergaben alltäglicher Szenen und Tätigkeiten (Abb. S. 33), wie Jagd und Fischfang, Schifffahrt und Landwirtschaft, Soldaten. Ein Beispiel aus dem *Grab des Mektirê in Dêr el-Bahari* zeigt eine Herde samt einem Wohnhaus mit Säulenvorhalle. Ein anderes Zeugnis dieser lebensnahen Darstellungskunst der 12. Dynastie ist die Statuette einer Opferbringerin (jetzt im Louvre, Paris), die einen Korb mit Opfergaben auf dem Kopf trägt.

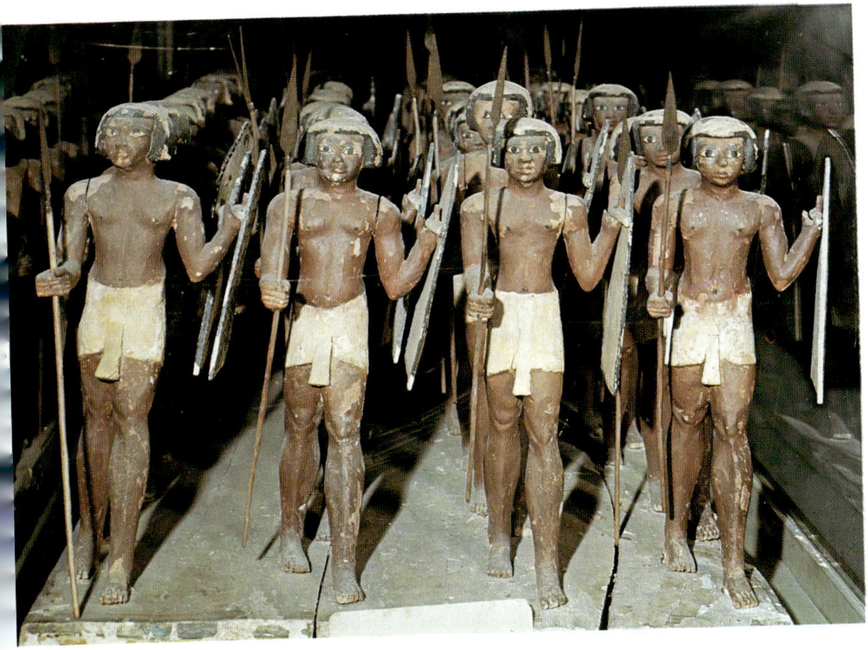

▲ Diese einheitlich gegliederten *Lanzenträger* wurden im *Grab des Mesehti*, des Gouverneurs von Asjût in Oberägypten, 9. bis 10. Dynastie, gefunden. Das Figurenmodell ist aus Holz geschnitzt und farbig bemalt. Das trockene Wüstenklima erklärt die vortreffliche Erhaltung.

Nach dem Ende des Mittleren Reichs und der Vertreibung der Hyksos-Dynastien errichteten die Pharaonen der 18. Dynastie in Ägypten eine Herrschaft, die außerordentlich stabil war. Das *Neue Reich,* und eben vor allem die 18. Dynastie, gaben den Auftrag für zahlreiche Bildhauerarbeiten, die sich stilistisch stark unterscheiden. Die Tempel und Grabkammern wurden mit Statuen von Königen, Göttern und Würdenträgern angefüllt und das Formenrepertoire des Alten und des Mittleren Reiches merklich erweitert. Lebensgroße Statuen aus Granit sowie Kolossalstatuen aus Kalkstein und Sandstein wurden geschaffen. Zu den hervorragenden Bildhauerarbeiten des frühen *Neuen Reichs* gehören die Porträts der Königin *Hatschepsut.* Diese Skulpturen zeigen Interesse für die individuellen Züge trotz aller Verbindung zur herkömmlichen Idealisierung. Ein Zeugnis für den neuen Geist ist z. B. der *Sphinx,* der zu Ehren der Königin geschaffen wurde. Die Gesichtszüge sind zart und weiblich, obwohl das Sinnbild mit den herkömmlichen Herrschaftsattributen des männlichen Pharao, wie dem Zeremonialbart, ausgestattet ist.

Würdenträger wurden nun weit häufiger als zuvor in Stein abgebildet und in den Tempelhöfen aufgestellt. *Senenmut,* der Baumeister, der den Totentempel der Hatschepsut in Dêr el-Bahari errichten ließ, ist z. B. in einer Statue, die sich jetzt in Kairo befindet, in kauernder Haltung dargestellt. Sein Mantel ist dicht umgelegt und der Kopf der Prinzessin Nefrurê, deren Erzieher er war, schaut hervor. Die Prinzessin wird auch in anderen Gruppen zusammen mit ihm dargestellt. Der Architekt Amenophis' III. wurde als *Schreiber* wiedergegeben, mit anderen Worten als Schriftgelehrter, in zwei Statuen, die sich jetzt in Kairo befinden und die einst im Amuntempel von Karnak standen. Eines der schönsten Beispiele der eleganten, nahezu lebensgroßen Holzstatuetten jener Epoche, die zur Aufstellung in Grabkammern bestimmt waren, die des königlichen Architekten Kha, befindet sich jetzt in Turin.

Eine künstlerische Erscheinung des Neuen Reichs, die hauptsächlich eine lokale Verbreitung fand, war die *Amarnakunst.* Sie blühte in Amarna während der 2. Hälfte der 18. Dynastie und zwar besonders während der Regierung Amenophis' IV. (um 1379–1362 v. Chr.). Dieser Herrscher bevorzugte bekanntlich den Kult des Sonnengottes *Aton.* Seine Residenz *Achet-Aton,* die Amenophis ausbaute, um sich von der Amun-Tradition zu distanzieren, blühte rasch auf, und der Pharao nahm selbst Einfluß auf die künstlerische Gestaltung. Er förderte eine naturalistische Kunst, die zur Manier wurde. Die Porträts Amenophis' IV. zeigen einen Mann mit ovalem Gesichtsschnitt, dicken Lippen, schmalen Schultern und runden Hüften (Abb. S. 35). Die gleichen bizarren Züge, die an Karikaturen erinnern, erscheinen in den Porträts der sechs Töchter des Pharao wieder. In Amarna wurden auch Gipsabgüsse und Modelle gefunden, die zeigen, daß die Künstler sich bemühten, die Eigentümlichkeiten der Familienmitglieder des Auftraggebers noch zu steigern. Dies gilt auch für die beiden Porträts der Königin *Nofretete,* die von deutschen Wissenschaftlern ausgegraben wurden. Der berühmte Berliner Kopf ist aus bemaltem Kalkstein (nur das eine Auge aus Quarz ist vorhanden), während sich der andere Modellkopf aus Quarzit mit den interessanten Vorzeichnungen in Kairo befindet.

▼ ▶ *Amenophis IV. – Echnaton,* Ende der 18. Dynastie, um 1379–1362 v. Chr., begünstigte einen manieristischen Stil. Anstelle der traditionellen strengen Stilisierung wurde Wert auf die Betonung individueller Merkmale gelegt. Diese *Sandsteinstatue aus dem Atontempel von Karnak* zeigt den Pharao mit ovalem Gesicht und gerundeten Hüften. Der Typus folgt dagegen dem Herkömmlichen: Zepter und Dreschflegel sind die traditionellen Herrschaftssymbole.

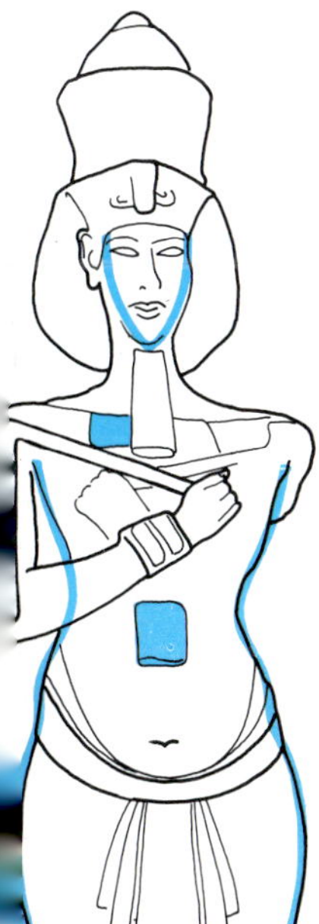

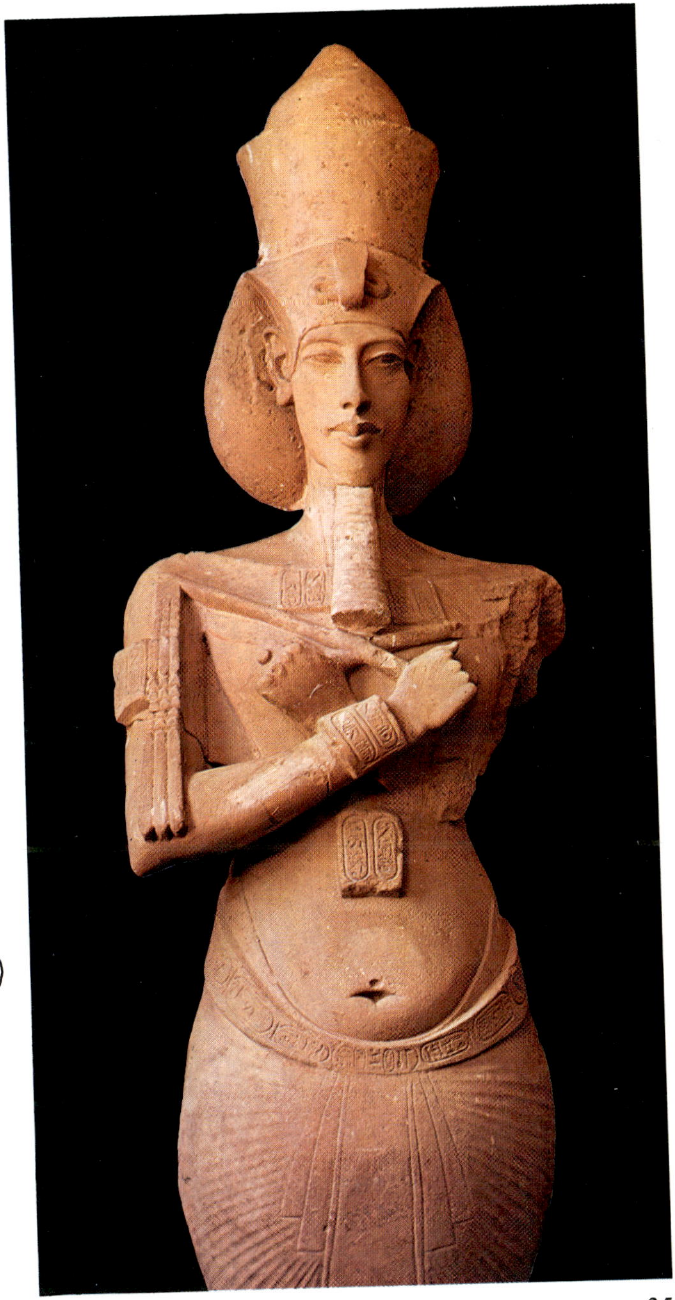

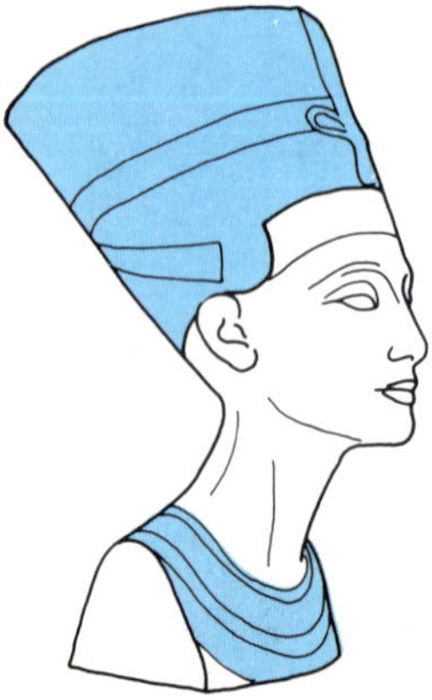

Die naturalistischen Tendenzen der Amarnakunst hinterließen ihre Spuren auch nachdem Echnatons Nachfolger, *Tutanchamun,* offiziell die Wiedereinführung des Amunkults und die Rückkehr zu den ästhetischen Vorbildern der Vergangenheit angeordnet hatte. Die reichen Schätze aus Tutanchamuns Grab, die vor einigen Jahren im Tal der Könige am Nil entdeckt wurden und die sich jetzt in Kairo befinden, zeigen noch immer die Nachwirkung der Amarnakunst, z. B. in der weichen Behandlung der Gewänder und der sanften Stilisierung einiger Statuetten.
Während der Herrschaft des *Haremhab,* dessen Karriere damit endete, daß er zum letzten Pharao der 18. Dynastie avancierte, suchte man wiederum den Anschluß an die Tradition, wenngleich der Einfluß der Amarnakunst bis zur 19. Dynastie spürbar blieb.
Für diese Periode sind die *Kolossalstatuen* typisch, wie die Darstellungen *Ramses' II. in Abu Simbel,* die unmittelbar aus dem gewachsenen Fels herausgehauen sind (Abb. S. 16), oder die großen Porträts von Karnak und Luxor.

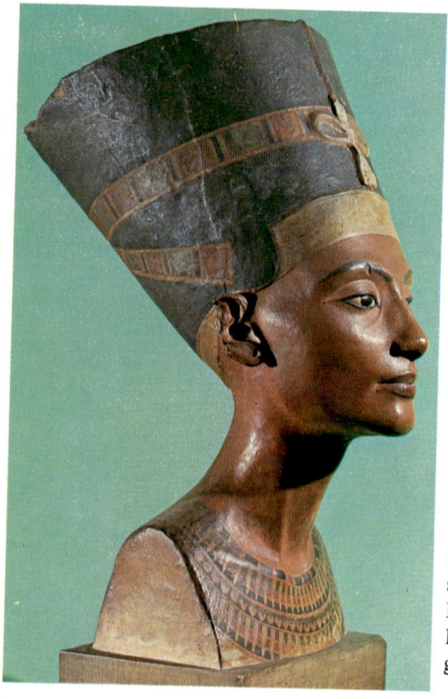

◄ ► Die beiden *Porträts der Königin Nofretete* zeigen die schöne Gemahlin Amenophis' IV. Die berühmte Berliner Nofretete ist aus bemaltem Kalkstein und 50 cm hoch. Die Königin ist mit der ihr vorbehaltenen blauen Krone geschmückt. Der unvollendete Porträtkopf, rechts, aus Quarzit ist 33 cm hoch. Er wurde in *Amarna* in der Werkstatt des königlichen Bildhauers ausgegraben. Aufschlußreich sind die Linien, mit denen der Künstler sein Modell gliederte.

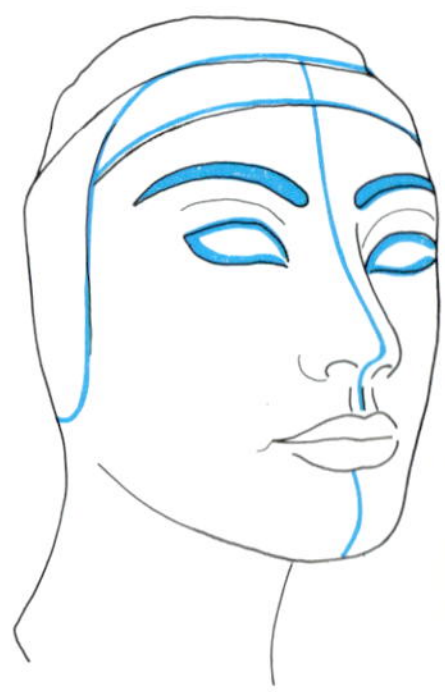

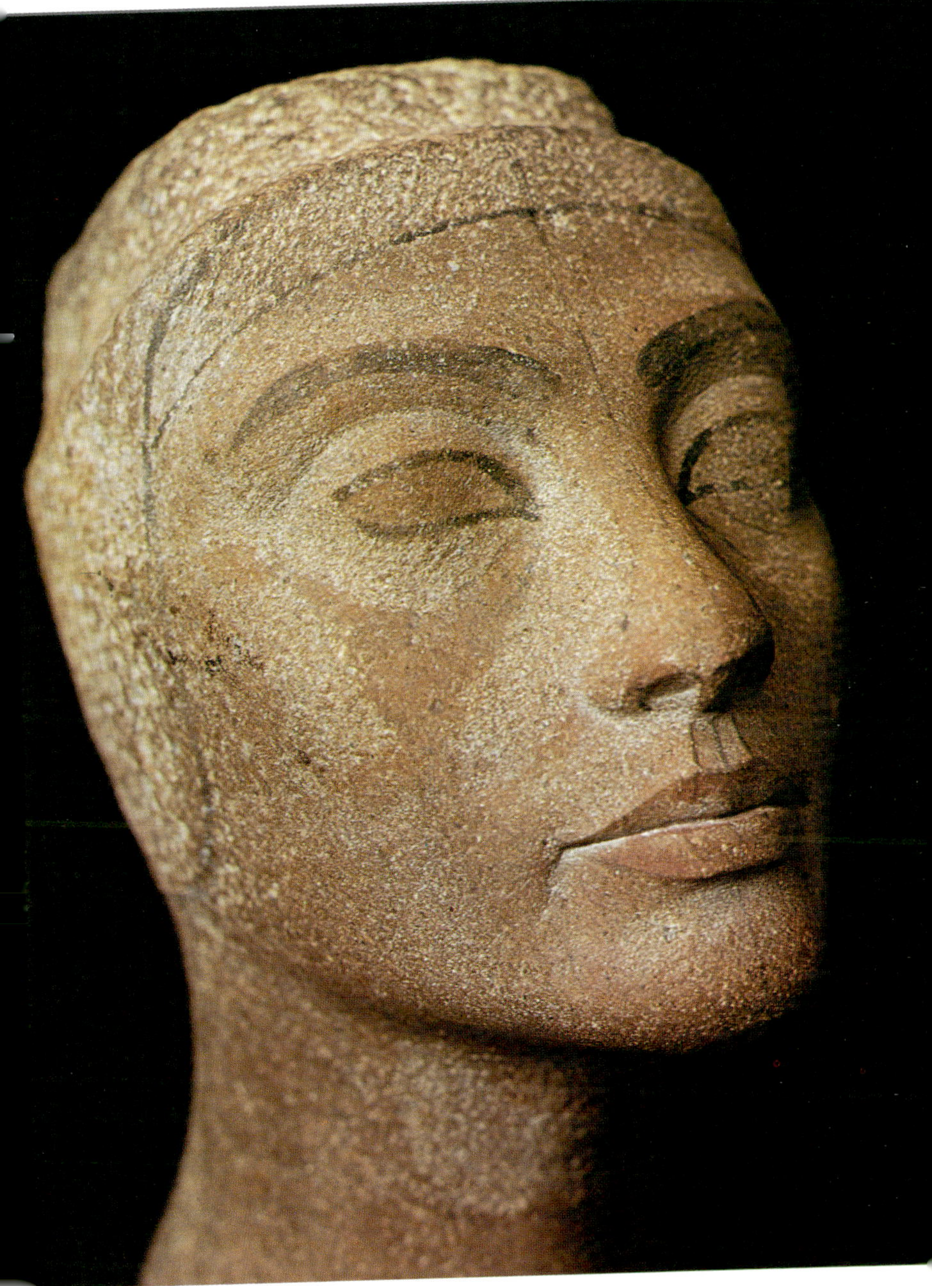

▼ ▶ *Königsstatue Ramses' II. aus schwarzem Granit,* 19. Dynastie. Der König hat die Zeremonialkrone auf dem Haupt, die mit der königlichen Uräusschlange geschmückt ist. Seine Rechte hält das Zepter in einer lange Zeit verbindlichen Geste. Zum Königsornat gehören die gefältelte Leinentunika und die Sandalen. Die Hieroglypheninschrift auf dem Gewand bezeugt seinen Rang und Namen. Die Skulptur ist 1,54 m hoch.

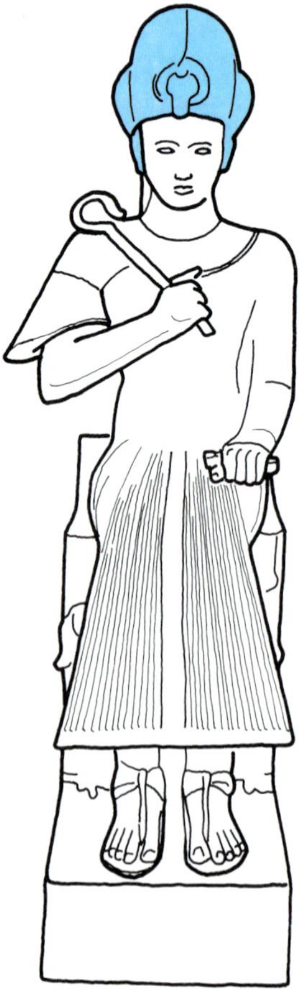

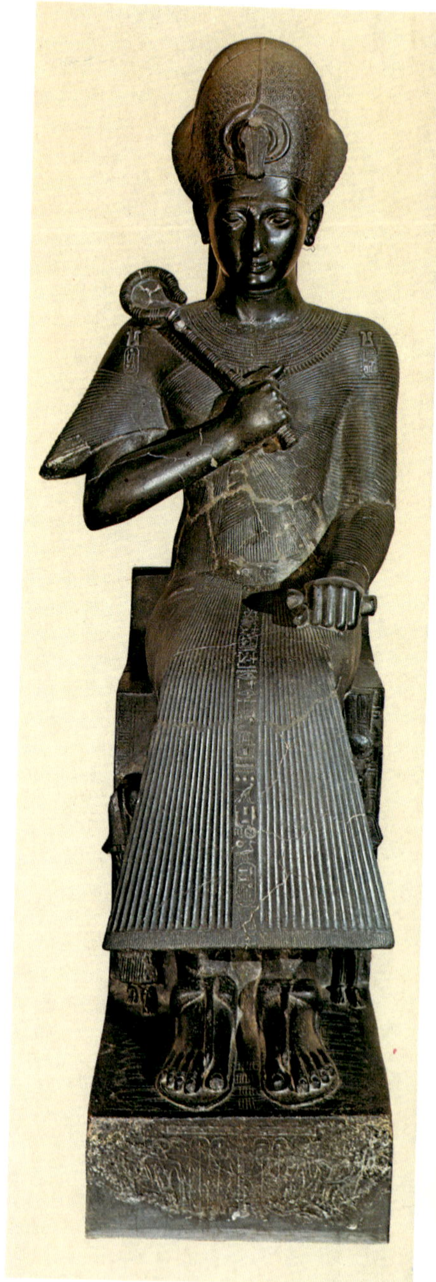

▼ Dieser thebanische Würdenträger aus der Zeit der 19. bis 20. Dynastie hält vor sich ein Bild des Gottes *Amun,* dem der *Widder* geweiht war. Die Form der Perücke und das gefältelte Gewand ermöglichen die Datierung. Ein Bild einer Königin ist auf seiner Schulter angebracht. Die Inschrift bezeugt, daß der Dargestellte in der königlichen Nekropole von Dêr el-Medine tätig war.

Der Typus des Sitzenden, der erstmals im Mittleren Reich aufgekommen war, und der schon während der 18. Dynastie populär gewesen war, fand nun weite Verbreitung: Beine und Arme liegen dicht an und die Skulpturen sind mit Inschriften versehen.

Während des Jahrtausends zwischen der 21. Dynastie und dem Ende des pharaonischen Ägypten sind zahlreiche Statuen von Pharaonen, Priestern und Priesterinnen entstanden, die den vorhandenen Formenschatz variierten.

In der *Spätzeit* fehlte häufig eine einheitliche Regierung. Zum Beispiel herrschten weltliche Dynastien im Nildelta, während die Priester des Amun in Theben regierten. Während der 26. Dynastie, als die nach der Stadt Sais benannten *Saiten* herrschten, schlossen die Künstler wieder an Formen der Vergangenheit an. Sie bevorzugten kostbare Materialien und einen eleganten Stil in der Art einer Renaissance. Die Bildhauerei der 25. und 26. Dynastie gehört zweifellos zu den beachtlichsten Leistungen der Spätzeit. Die Porträts des Herrschers der 25. Dynastie Shabaqo und seines Neffen Shebitqo, die negroide Züge auf-

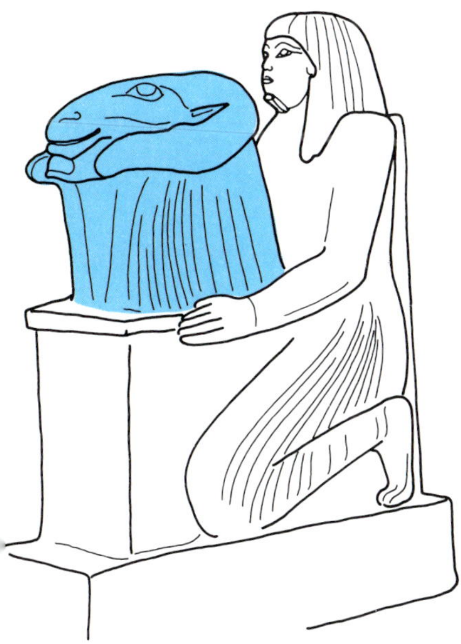

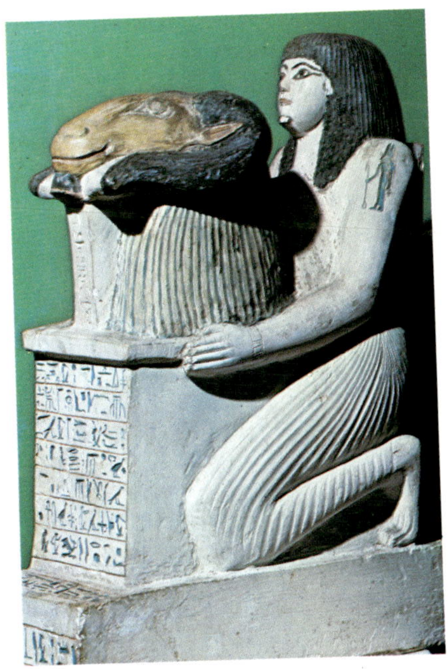

▶ Unterhalb der Schlange ist auf dieser Grabstele ein Symbol für den königlichen Palast wiedergegeben. Der göttliche Horusfalke hat sich als Beschützer niedergelassen. Zu den fünf offiziellen Titeln des Pharao gehörte auch der Name „Horus". Er wurde mit diesem Gott identifiziert.

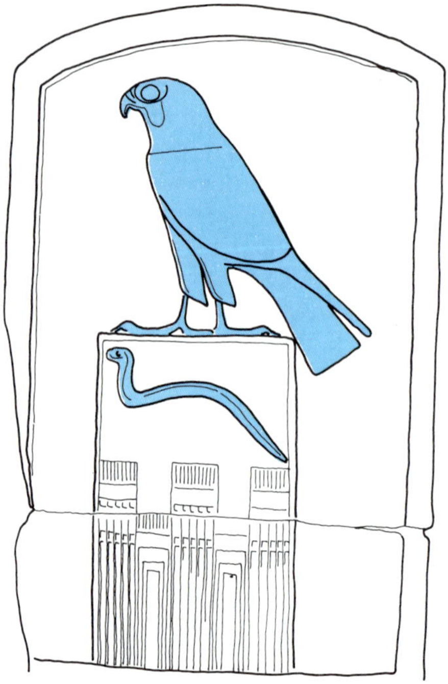

weisen, sind Beispiele eines beachtlichen Könnens. Die Bildhauer der 26. Dynastie bevorzugten wieder glattere Oberflächen und suchten den Anschluß an die majestätischen Formen der Vergangenheit. Es kam jedoch eine neue Heiterkeit hinzu. Zu den typischen Zeugnissen dieses Stils gehört die Statue des Priesters Nachthorheb, die sich jetzt im Louvre in Paris befindet.

Das bevorzugte Material für die kleineren Statuen der Zeit war *Bronze,* und die verschiedensten Götterstatuen wurden daraus bis in die Zeit der römischen Eroberung hergestellt. Für die langen Perioden der ägyptischen Bildhauerei sind die *Inschriften* meist das zuverlässigste Hilfsmittel zur Datierung, besonders wenn sie den Namen des Pharaos angeben, der zu der Zeit regierte, als das Werk entstand. Wenn derartige Datierungshilfen fehlen, können bestimmte Details der Tracht weiterhelfen: die Haartracht oder Perücke der Dargestellten ist für die zeitliche Einordnung meist aufschlußreicher als die Kleidung, die sich jahrhundertelang nicht änderte (wenn auch das Neue

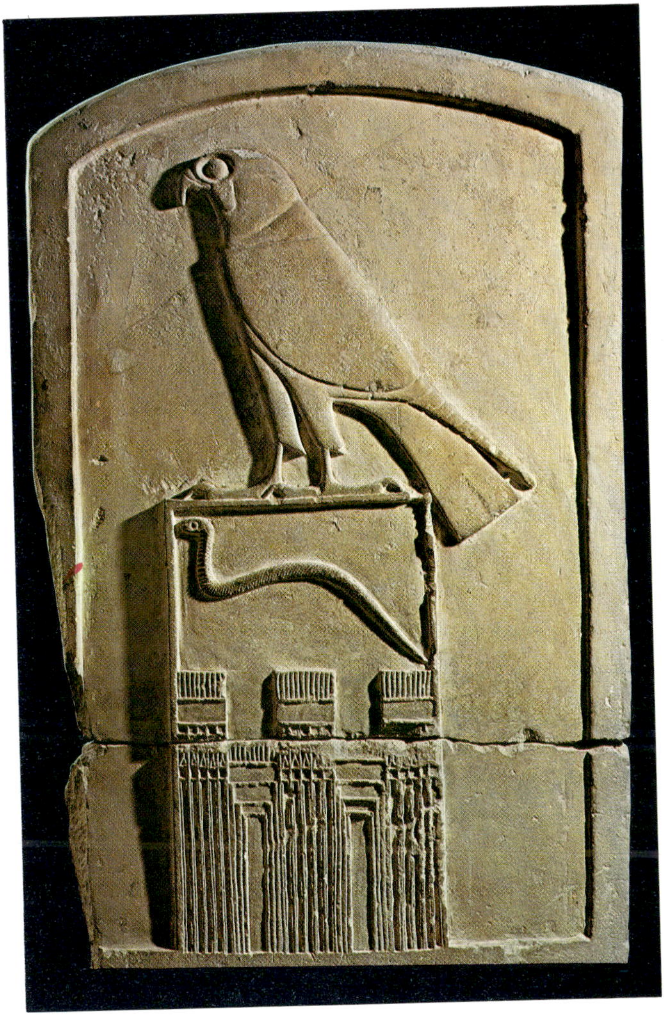

▶ Die *Grabstele des Königs „Schlange"*, 1. Dynastie, um 2800 v. Chr., ist 2,5 m hoch und stammt aus Abydos, nördlich von Theben. Die Schlange symbolisiert den Namen des Königs.

Reich spezifische Varianten hervorbrachte). *Fächerförmige Perücken* sind z. B. typisch für das *Alte Reich* (z. B. beim *Schreiber,* Abb. S. 29), das *Neue Reich* bevorzugte während der 18. und 19. Dynastie dagegen eine *Dreiecksform der Perücke,* die Perücken der Saitenzeit wiederum waren schlicht und fielen gerundet auf die Schultern. Selbst unscheinbare Details bekunden so den Stil und seine Veränderung.

Die Malerei

▼ Szenen des täglichen Lebens wurden häufig an den Wänden ägyptischer *Gräber* dargestellt. Sie hatten die Aufgabe, zu gewährleisten, daß für die Toten im Jenseits die notwendigen Arbeiten weiter ausgeführt würden.

Die ägyptische Malerei hatte ihren Ursprung in der Bemalung von Töpfererzeugnissen. Man verwendete *Erdfarben,* die mit Pinseln aus Schilfrohr aufgetragen wurden. Die *Farbe* gehörte zu den wichtigsten Elementen der ägyptischen Kunst, nicht nur für die *Wandmalerei,* sondern ebenso für *Reliefs* und *Inschriften* und nicht zuletzt für die *Architektur,* denn viele der Bauwerke, die heute farblos und steinern vor uns stehen, hatten einstmals eine leuchtende farbige Fassung.

Die *Regeln der ägyptischen Malerei* waren bereits in der Zeit des *Alten Reichs* festgelegt und sie galten als eine geheiligte Überlieferung aus der mythischen „Zeit der Götter“. Zu diesen Traditionen gehörte, daß die Haut der Frauen hellgelb oder rosa wiedergegeben wurde, während der männliche Körper eine braunrote Farbe bekam. Der Hintergrund wurde meist weiß gemalt, mit Ausnahme zur Zeit der 19. Dynastie im Neuen Reich, als man auch gelb

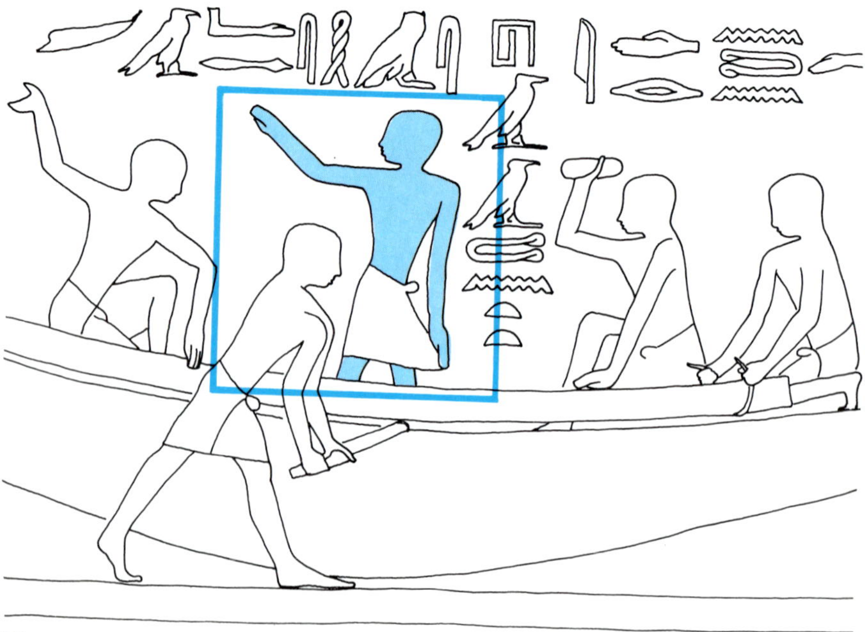

▼ Diese *Reliefdarstellung einer Schiffswerft am Nil aus einem Grab des Alten Reichs* zeigt, wie unter Anleitung eines Aufsehers mit primitiven Werkzeugen gearbeitet wird. Bei aller Lebendigkeit sind die Figuren doch stilisiert.

wählte. Die Farben wurden nicht aufgrund eigener Naturbeobachtung, sondern gemäß dem festgelegten *Farbschema* aufgetragen.

Als unumstößliche Regel galt, daß auch der menschliche Körper nach einem bestimmten Schema zu stilisieren sei. Die Figur wurde so dargestellt, als sei sie unter verschiedenen Blickwinkeln gesehen: das Gesicht im Profil, doch die Augen von vorne, die Schultern frontal, die Brust im Profil, die Hüften in Dreiviertelansicht, die Beine wiederum im Profil. Die ägyptische Kunst will die Dauer verkörpern und nicht den vergänglichen Augenblick darstellen: „Der Ägypter stellt nicht dar, was er sieht, sondern was er denkt" (W. Wolf).

Während des Alten Reichs wurden auch Relieffiguren und stuckierte Oberflächen farbig behandelt. Die Methoden der Maler waren grundsätzlich den noch heute üblichen ähnlich. Der Künstler zeichnete die Umrisse seines Bildes auf die Wand. Er verwendete dazu einen Pinsel, den er in schwarze Farbe getaucht hatte, und man konnte soweit nötig noch Korrekturen anbringen. Dann brachte ein

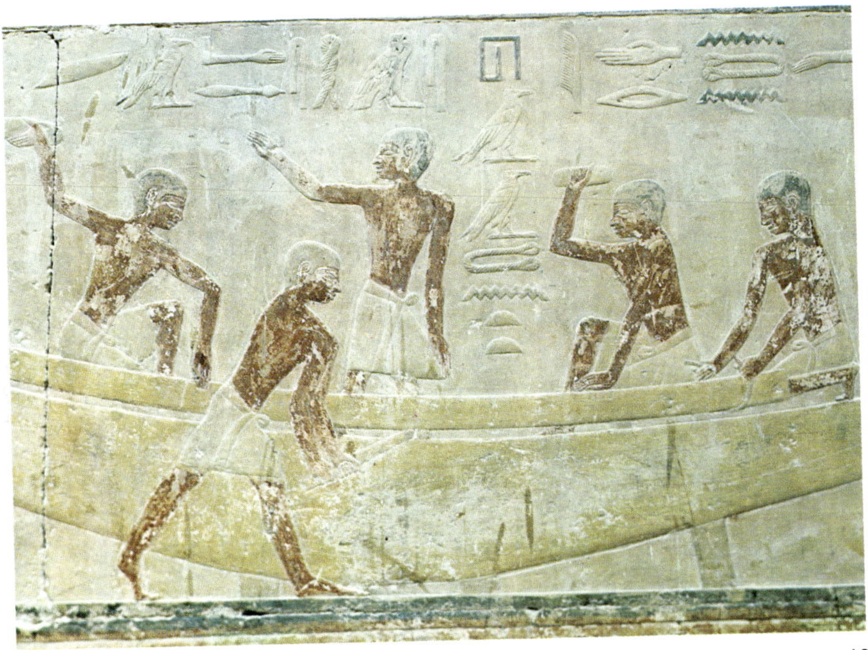

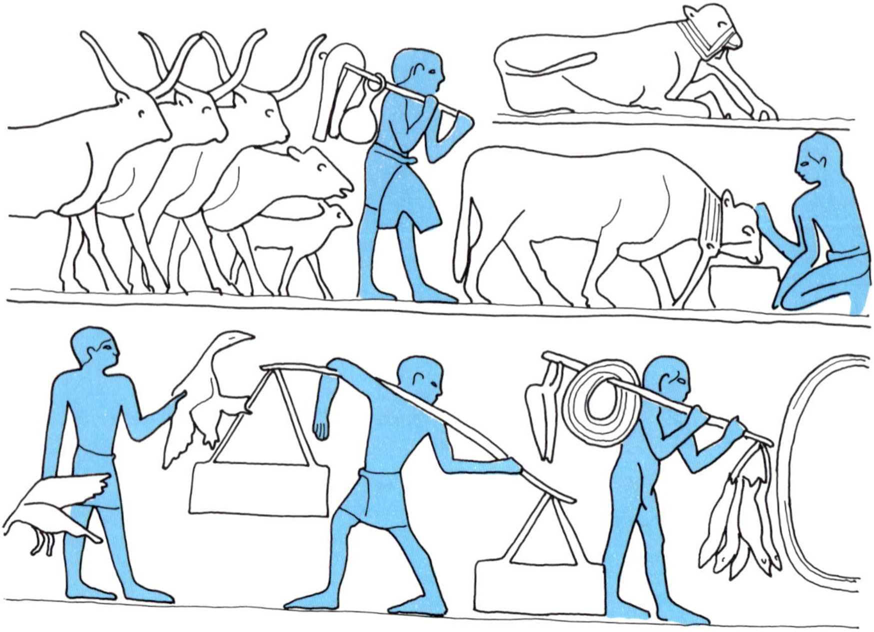

▲ Während es für die Darstellung der Herrscher genau festgelegte Formen und Gesten gab, bestanden für die bildliche Darstellung gewöhnlicher Sterblicher keine derartigen Schranken. Vielmehr sollten ihre Arbeit und Aufgabe deutlich hervortreten.

Schreiber die Inschriften an und ein schriftkundiger Aufseher prüfte sie vielleicht auf ihre völlige Richtigkeit, bevor die Ausmalung in Farben erfolgte. Dieses Verfahren läßt sich deutlich im unvollendeten *Grab des Haremhab,* Ende der 18. Dynastie, erkennen, wo einige Abschnitte der Wand nur mit Vorzeichnungen bedeckt sind, während andere Flachreliefs und fortgeschrittenere Stufen der Ausführung aufweisen. An Farben wurden Gelb und Braun aus dem Ocker der Wüste gewonnen, Weiß aus Kreide, Blau und Grün aus den Rückständen der Glasgewinnung oder zermahlenen Mineralien mit Kobalt und Kupfer als Farbbestandteilen, Schwarz aus Ruß.
Die *Wandmalereien der Gräber des Alten Reichs* mit ihren Szenen aus dem täglichen Leben sind eine wertvolle Quelle für die Kenntnis jener Epoche. Da gibt es Szenen des Ackerbaus, Handwerker und Künstler, Töpfer und Bäcker. Die beigeschriebenen Bezeichnungen lassen die Namen von Tieren, Pflanzen und Gegenständen erkennen. Die Szenen von Jagd und Fischfang sind oft recht naturalistisch und mit Liebe zum Detail wiedergegeben. Berühmt

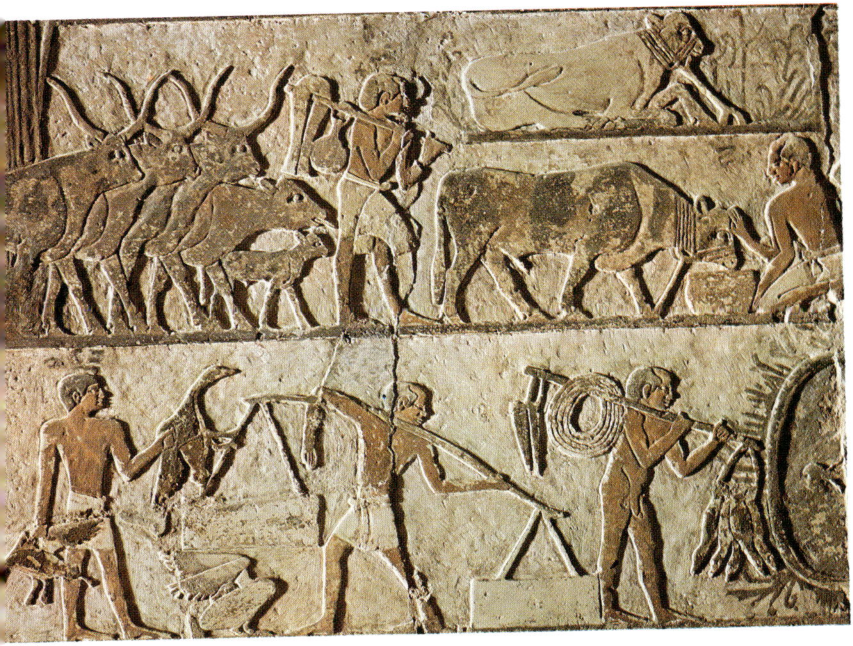

▲ Das bemalte Re-
ief aus einem Grab
von Sakkara zeigt
bäuerliche Arbeiten:
Die Knechte des to-
ten Herrn treiben
das Vieh auf die
Weide und tränken
es, während darunter
drei Männer damit
beschäftigt sind,
Gänse und Vorräte
zu transportieren.

ist z. B. der *Gänsefries* aus einem Grab von Medûm, der jetzt im Kairoer Museum zu sehen ist. Während des *Alten Reichs* hatte die Maltechnik einen hohen Rang, der in den späteren Epochen der ägyptischen Kunst kaum mehr erreicht wurde. Die Reliefs, die während der 4. Dynastie bemalt wurden, waren reicher gegliedert als in der vorhergehenden Zeit und die Darstellungen spiegelten große Lebendigkeit, während unter der 5. Dynastie der sorgfältig beschreibende Stil der Zeit des Cheops und Chephren allmählich aufgegeben wurde.

Im *Mittleren Reich* wurden die herkömmlichen Themen noch beibehalten, zusammen mit der Darstellungsart, die schon im *Alten Reich* geherrscht hatte. So wurden innerhalb einer Szene Unterschiede in der Figurengröße gewählt, so daß die bedeutendsten Personen die übrigen überragten, nicht natürliche Größe, sondern *Bedeutungsgröße* wurde dargestellt. Es kamen auch mehr Farben zur Anwendung sowie Zwischentöne anstelle der Primärfarben, die während des Alten Reichs üblich waren, ebenso schmückte man hölzerne Särge mit Malerei.

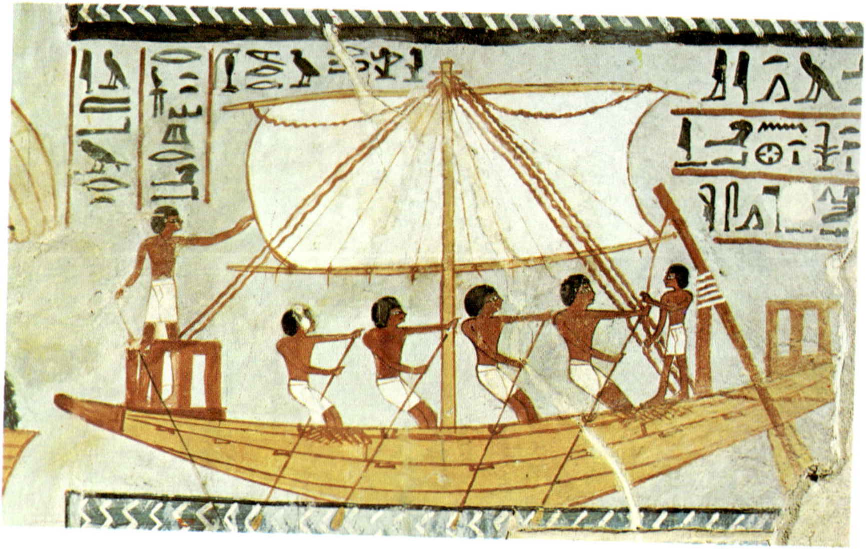

▲ ▶ Die von rechts nach links sich vermindernde Größe der Ruderer erzeugt eine perspektivische Wirkung. Es entsteht der Eindruck, als würde sich das Schiff von uns weg bewegen.

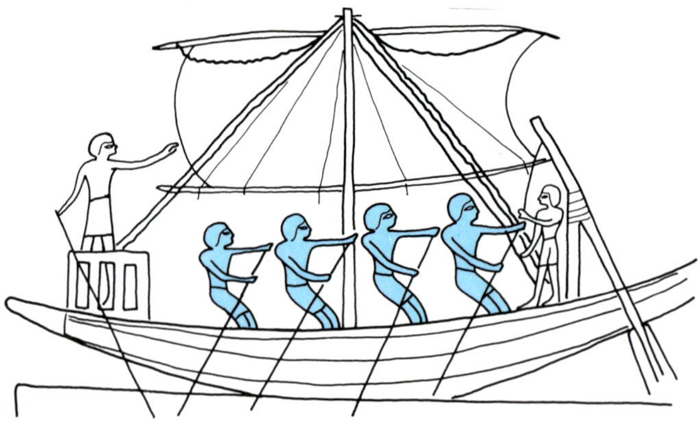

Unter der 12. Dynastie wurde wieder größerer Wert auf Alltagsszenen gelegt, doch ließ die künstlerische Qualität nach, Zufälligkeiten der Farbgebung und Nachlässigkeit im Detail kamen auf. Manche Szenen, wie die mit Tänzern und Ringern, bekamen fast karikaturhafte Züge.

Aus der Zeit des *Neuen Reichs* verdient die Wandmalerei aus den Gräbern von Theben Erwähnung. Die entsprechenden Bilder stammen aus einem Zeitraum von fast 400 Jahren, von der Herrschaft der Königin Hatschepsut (1503–1482 v. Chr.) bis zum Ende der 20. Dynastie, um

◀ Das *Boot mit Ruderern,* Detail einer Pilgerszene aus dem *Grab* eines Gouverneurs aus der Zeit des *Neuen Reichs,* der in der Nekropole von Theben beigesetzt wurde.

1100 v. Chr. Sie gehören zu den schönsten überlieferten Gemälden des Altertums. Die Gräber des *Neuen Reichs* haben kaum bemalte Reliefs, da das Felsgestein im Tal der Könige und seiner Umgebung porös ist und sich kaum für die früher übliche Reliefbildhauerei eignet. Die Malerei auf stuckierten Wänden war daher ein geeigneter Ersatz. Zudem hatten nun breitere Schichten ein Anrecht auf die Verewigung in Gräbern und so wurden mehr Aufträge zur Ausschmückung von Grabkammern erteilt als zuvor; dadurch nahmen auch die stilistischen Varianten zu.
Aus dem Anfang des *Neuen Reichs* sind die Reliefs von Dêr el-Bahari und der Totentempel der Hatschepsut überliefert. Eine stilistische Entwicklung wird auch aus den Gemälden der Grabkammern der Zeit Thutmosis' III. ersichtlich. Sie waren symmetrisch angeordnet, streng stilisiert und hatten opake Farben auf dunkelblauem oder grauweißem Grund.
Die Rückbesinnung nach der Vertreibung der Hyksos führte zu Rückgriffen auf ältere Werte, die auch die Kunst betrafen, wie sich unter Amenophis II. und Thutmosis IV. aus der 18. Dynastie zeigt. Die Haltung und die Kompositionen weisen nun größere Weichheit auf. Es wurde mit transparenten Farben auf Stuck gemalt, der durch untergemengtes Stroh haltbarer gemacht wurde. Dieser „flüssige" Stil bedeutet einen Bruch mit den strengen Traditionen der Vergangenheit, die Themen änderten sich allerdings nicht. Die Bilder in den Gräbern der thebanischen Würdenträger Nacht und Menna sowie des Pharao Haremhab sind bekannte Zeugen dieser Epoche. Sie strahlen den selbstbewußten Geist einer stabilen Friedensperiode aus. Die Malerei erreichte eine neue Höhe unter Amenophis III. Die Farbskala wurde erweitert und Klarheit der Farben und Linien angestrebt.
Gegen Ende dieser Dynastie, um 1350 v. Chr., entwickelte sich die *Amarnakunst.* Wie in der Skulptur wurde nun auch für die Malerei ein spezifischer Naturalismus zum Prinzip, die Malerei gab körperliche Defekte des Pharao und seiner Familienmitglieder ohne Beschönigung wieder.
Gegen Ende der 18. Dynastie wurden in Theben die Gräber des Wesirs Ramose und des Pharao Tutanchamun erbaut, die eine Rückkehr zu einem älteren, formelleren Stil

▶ Die Malerei des *Neuen Reichs* erreichte einen Höhepunkt während der 18. Dynastie, vor allem in *Theben*. Die Farbe wurde dünn und zügig aufgetragen, ebenso die klaren Umrisse.

▼ Die Gruppe der drei Damen von einem Wandbild der 18. Dynastie. Die Ohrringe der einen werden von einer Dienerin befestigt. Die Eleganz der Aristokratinnen wird formelhaft betont.

zeigen. Ein Beispiel ist der Trauerzug des Gefolges in Ramoses Grab mit dokumentarischen Zügen. Mit Sorgfalt werden auch die Details wiedergegeben wie die Truhen, das Bett mit der Kopfstütze, die Gefäße für Salben und Weihrauch, die Schreibtafel und die Tracht der Trauernden mit ihren weißen, gefältelten Leinengewändern.
Unter den Ramessiden, während der 19. und 20. Dynastie, ging die Malerei mitunter recht sorglos vor, doch dafür lebendig und frisch. In dieser Epoche kam auch *monochrome Malerei* auf. Seit der 21. Dynastie trat ein allmählicher Niedergang ein, die Bemalung hölzerner Särge und der Totenbücher wahrte einen höheren Standard.
Es sind nicht nur die Namen einzelner Künstler aus jener Epoche bekannt, sondern es gab auch Künstlerfamilien, die z. B. in Dêr el-Medine (Theben-West) zur Zeit des Neuen Reichs lebten, um den Anforderungen des Totenkults zu dienen. Aus Rechnungsaufzeichnungen und In-

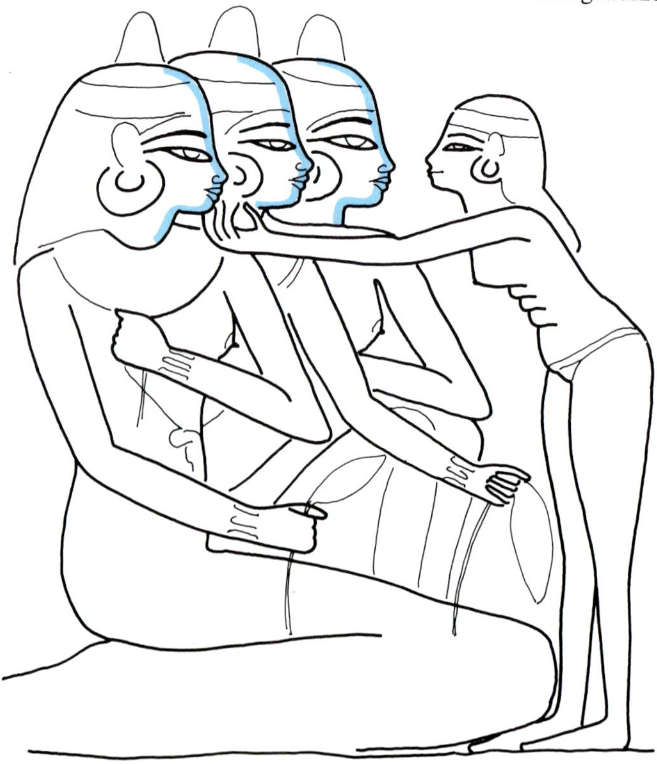

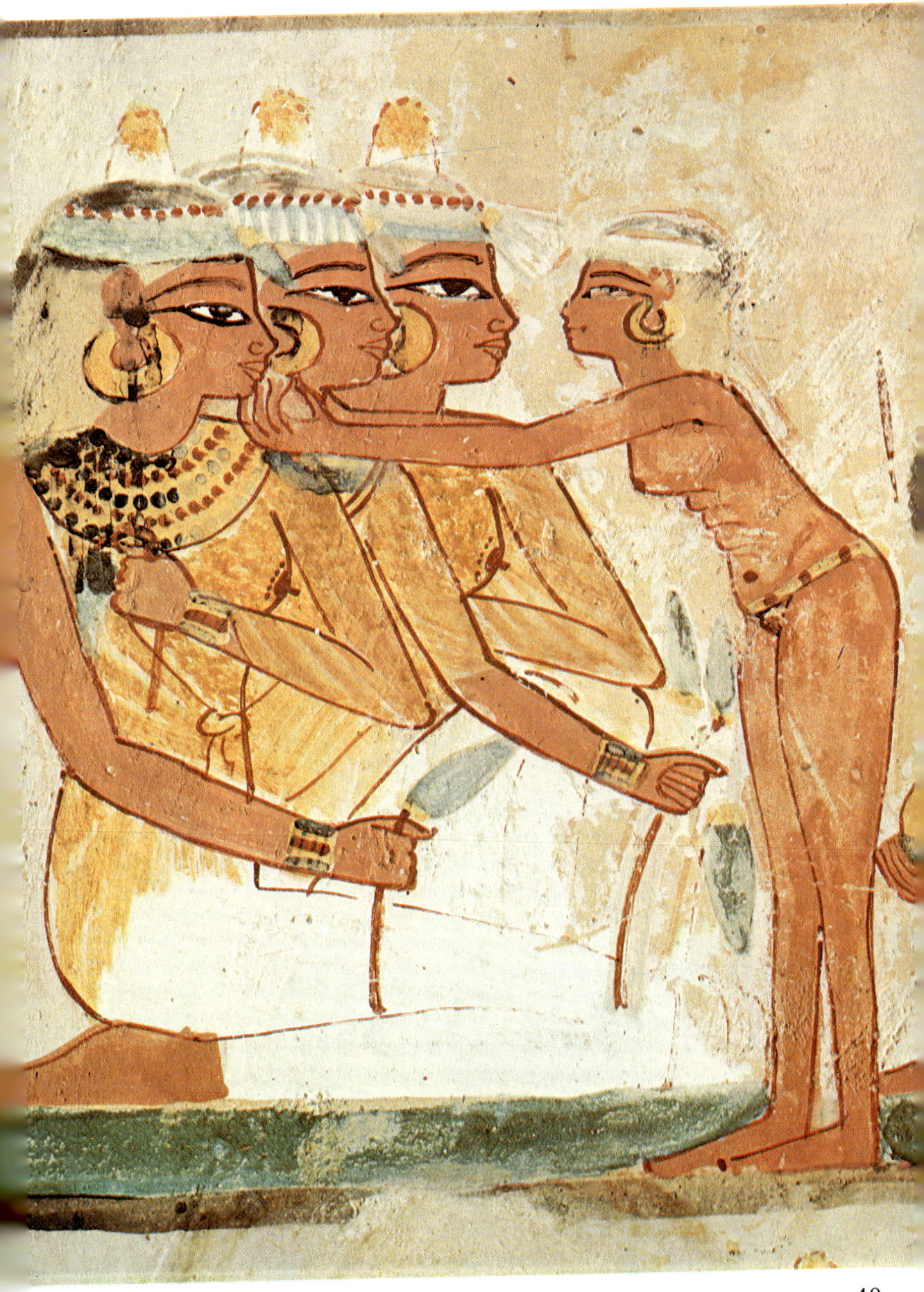

▶ Unter der Herrschaft des Pharao Haremhab am Ende der 18. Dynastie erfuhr die ägyptische Kunst eine Rückkehr zur Tradition. Doch wirkte die Amarnakunst teilweise nach: die Köpfe wurden unverhältnismäßig groß wiedergegeben.

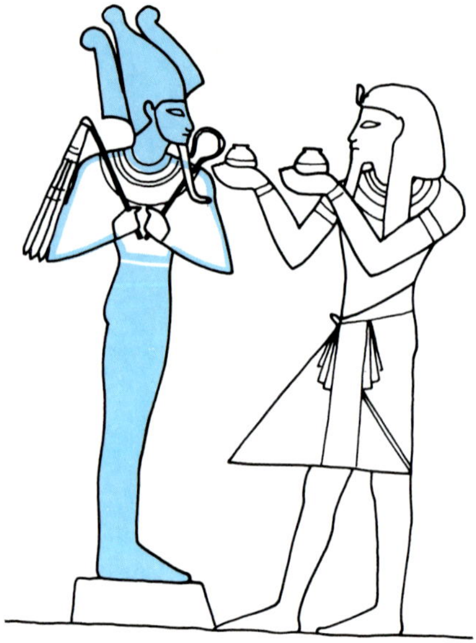

▶ Die *Wandmalerei aus dem Grab des Pharao Haremhab* zeigt diesen, wie er dem Gott *Osiris* ein Trankopfer darbringt. Osiris ist in Mumiengestalt wiedergegeben. Die Rückkehr zu den traditionellen Themen verherrlicht die Bedeutung des Verstorbenen in der jenseitigen Welt.

schriften sind zumindest sieben Malerfamilien bekannt, in denen das Handwerk vom Vater auf den Sohn vererbt wurde. Seit dem *Neuen Reich* wurden auch die hölzernen Särge reich bemalt sowie Papyrusrollen, wenn auch bereits während des *Mittleren Reichs* hölzerne Särge und solche aus getrockneter Papiermasse – in der Art von Papiermaché – gefertigt wurden. Dieses formbare Material, das aus Papyrusfasern, Leinwand und Gips hergestellt wurde, diente auch für Mumienmasken, die z. T. mit Blattgold bedeckt wurden.

Während des *Neuen Reichs*, seit der 18. Dynastie, sind außer den üblichen Särgen zur Aufnahme der Mumien in Annäherung an die menschliche Gestalt auch solche mit geraden Seitenbrettern entstanden. Die Oberflächen wurden weiß oder gelb bemalt und hatten schwarze Inschriften. Das Gesicht der Verstorbenen wurde seit der Ramessidenzeit auf den Mumiensarg gemalt. Einige besonders reich gestaltete Särge weisen auch florale Motive auf, Blätter, Ranken und Blüten. Während der 21. Dynastie kamen ausführliche Inschriften hinzu sowie Szenen der Einbalsamierung und Götterbilder: Osiris, Isis, Horus, Anubis und Thot – der Gott der Gelehrsamkeit, meist als Ibis gestal-

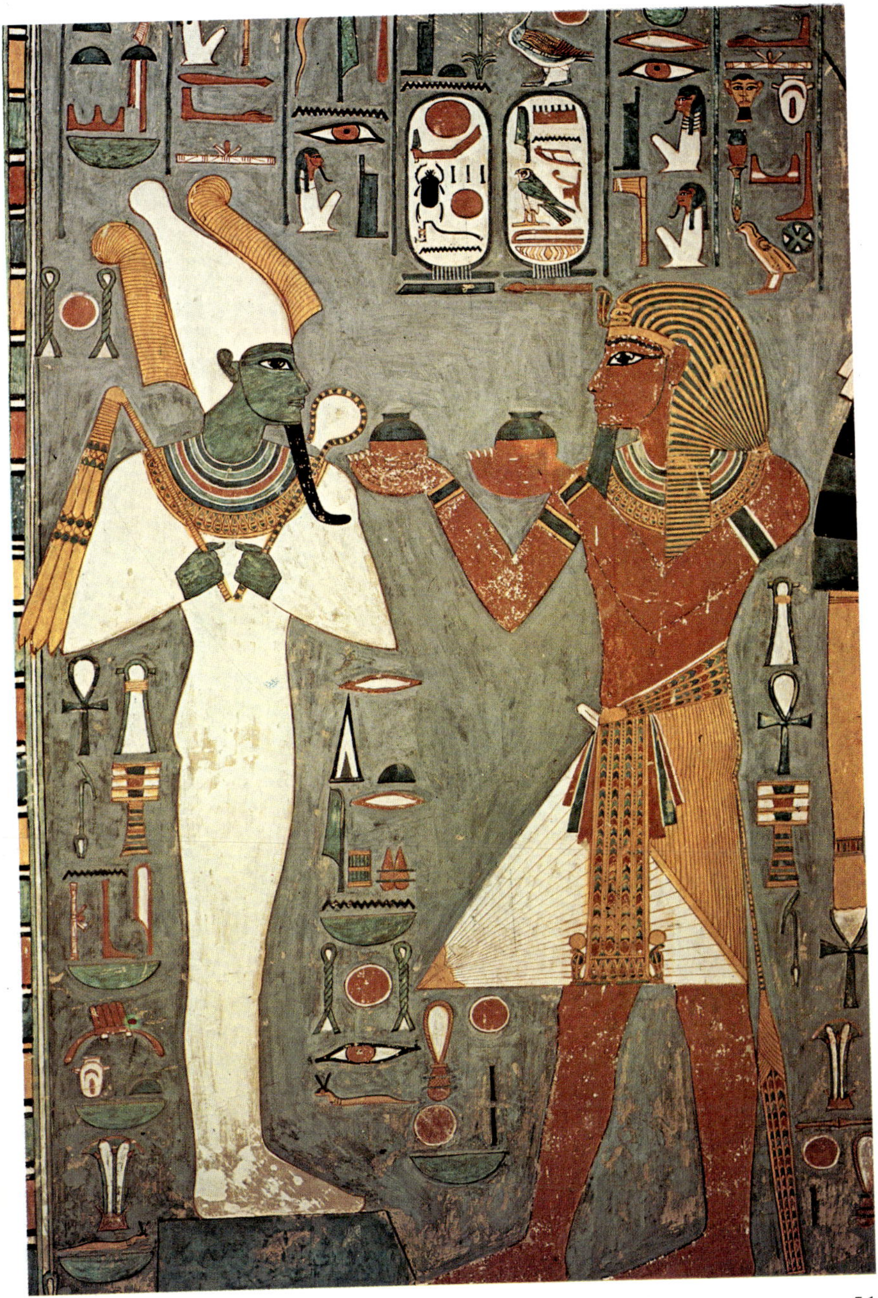

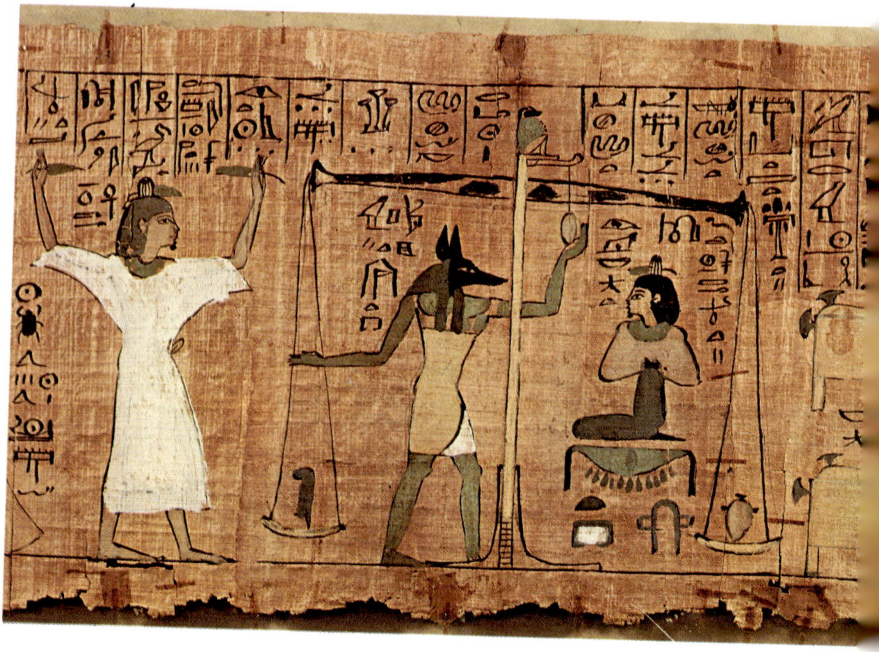

▲ Die Details dieser *Szene des Totengerichts* sind ihrer Bedeutung entsprechend betont. *Osiris* läßt das Herz des Toten gegen eine Feder aufwiegen. Die Gesamtgliederung ist klar, wie auch die Anordnung der Hieroglyphen der Beischrift.

tet –, daneben sämtlich Darstellungen, die mit dem Totenkult der Verstorbenen in Verbindung stehen.

Die alten Ägypter waren von der Vorstellung besessen, daß das Weiterleben der Verstorbenen im Jenseits mit allen erdenklichen Ritualen gesichert werden müsse. Die Leichen wurden daher einbalsamiert und die *Mumien* sorgfältig aufbewahrt, denn die ägyptische Religion ging von der Annahme aus, daß die Seele des Verstorbenen des Körpers bedürfte, um sich darin wieder zu verkörpern.

Die Särge in Form des menschlichen Körpers behielten grundsätzlich ihre Gestalt bis zur Ptolemäerzeit bei, die im 4. Jahrhundert v. Chr. mit Alexander d. Gr. begann und bis zum Tod der Kleopatra dauerte. Sie wurden aus Holz oder Papiermasse hergestellt, mit Ausnahme der *Saitenzeit*, als es auch massive Granitsarkophage gab, die mit expressiver Kraft gestaltet wurden.

Zahlreiche *Papyrusrollen* wurden mit Schriftzeichen und bildlichen Darstellungen geschmückt. Im trockenen Klima Ägyptens konnte sich das vergängliche Material erstaunlich gut erhalten. Berühmte Beispiele sind auch vom *To-*

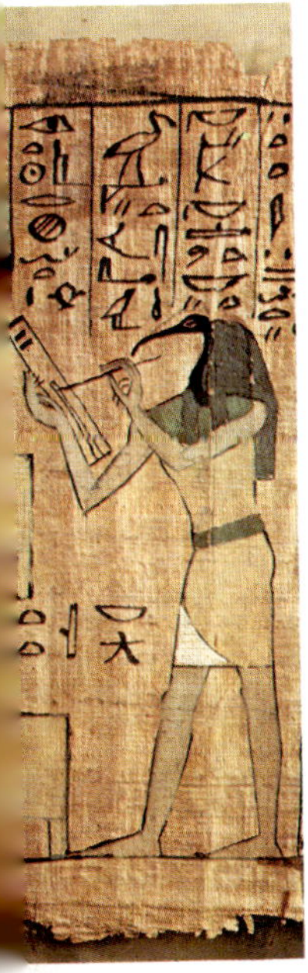

◀ ▼ Die zentrale Szene der Papyrusrolle, die in den Gräbern niedergelegt wurde und als *Totenbuch* bekannt ist, stellt das *Wägen des Herzens* des Verstorbenen dar: Es wird auf die eine Waagschale gelegt, unter Aufsicht des Osiris, während auf die andere die Feder der Maat, der Göttin der Wahrheit, kommt. Das Herz darf nicht schwerer sein als diese Feder. In dieser Szene steht links Osiris, während Anubis, der Gott der Nekropole, die Waage bedient. Der Verstorbene ist ideell anwesend. Thot, rechts, zeichnet die Taten des Verstorbenen auf.

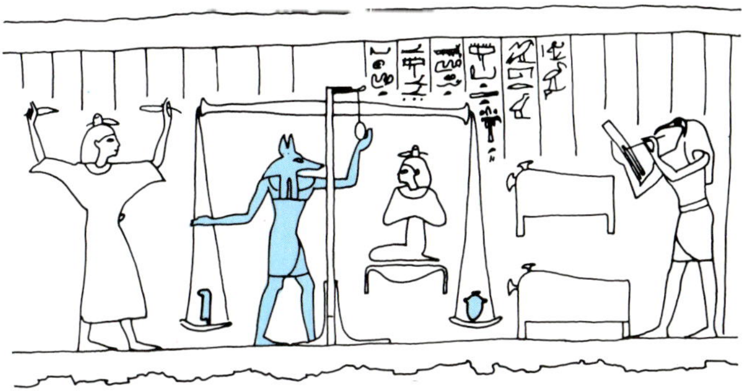

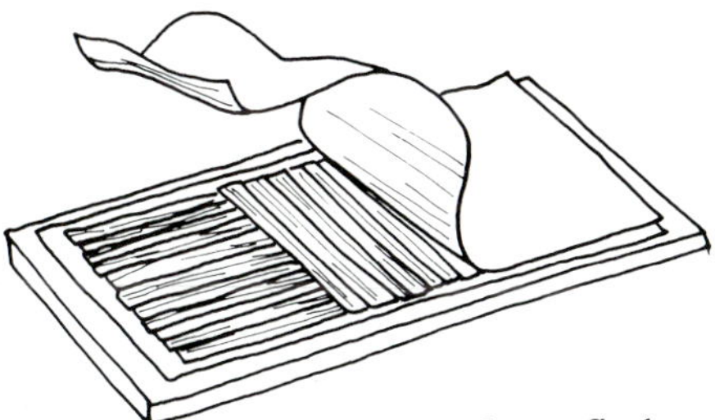

▲ *Schreibtafeln* wie jene, die Thot, der Patron der Schreiber, verwendet, wurden aus gepreßten *Papyrusfaserlagen* gefertigt und mit der Rohrfeder beschrieben.

tenbuch zu finden, einer Sammlung magischer Formeln und Zaubersprüche, die rezitiert wurden, um das Fortleben der Verstorbenen zu sichern. Die frühesten erhaltenen *Schriftrollen* stammen aus der 18. Dynastie. Es gibt unterschiedliche Anordnungen von Schrift und Bild, mitunter sind die Bilder relativ groß und selbständig, in anderen Fällen als Vignetten eingestreut. Einige Darstellungen sind einfarbig schwarz gezeichnet, andere mehrfarbig. Die magische Bedeutung der Darstellungen bestimmte in jedem Fall die Motive sowie die Verteilung von Schrift und Bild, da die Vorstellung der Überwindung des Todes im Zentrum des ägyptischen Denkens stand.

Das Kunsthandwerk

Ein Hauptanliegen der ägyptischen Kunst war es, mit ihren Werken zum Weiterleben vornehmer Verstorbener nach deren Tod beizutragen. Die Kunst stand damit vornehmlich im Dienst des *Totenkults*. Den Toten wurde in die Gräber, zumindest in Nachbildungen, möglichst all das mitgegeben, was sie im Jenseits weiterhin nötig hätten. Sie gingen nach Westen, ins Reich des *Osiris*, des Gottes der Toten. Zahlreiche kunsthandwerkliche Gegenstände von unschätzbarem Wert und höchster technischer Perfektion entstanden dieser Aufgabe zuliebe.
Während des *Alten Reichs* wurden zahlreiche *Alabastervasen* in unterschiedlichen Formen und Größen hergestellt. Der *Alabaster* wurde mit Kupferwerkzeugen bear-

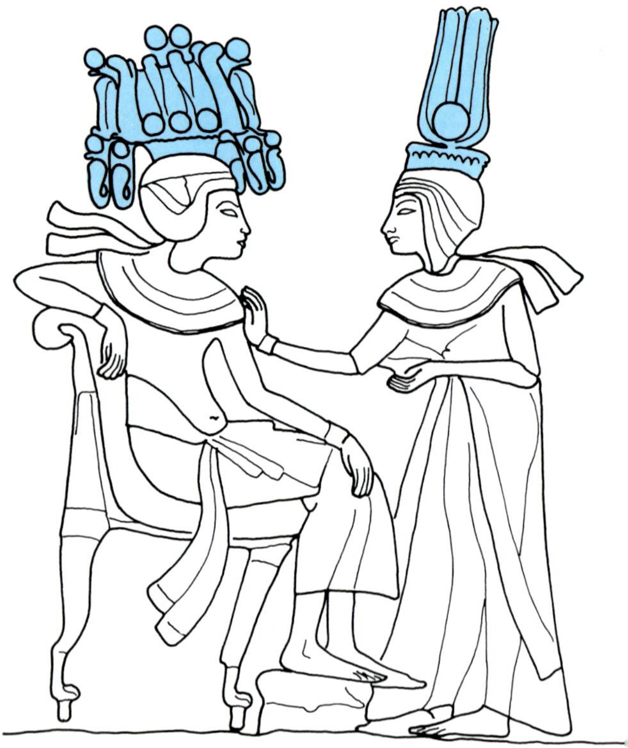

▶ Zur Zeit des *Neuen Reichs* blühte das Kunsthandwerk. Es stand fast ausschließlich im Dienst des Hofes. Zu den Grabbeigaben, die dem Pharao *Tutanchamun* mitgegeben wurden, gehört dieses kostbare Relief seines Throns. Der Pharao wird mit der dreifachen Krone dargestellt, die ein Symbol des göttlichen Horusknaben war. Die Krone seiner Gemahlin zeigt die Sonnenscheibe, umgeben von Straußenfedern und den heiligen Kuhhörnern. Man war nach dem monotheistischen Intermezzo Amenophis' IV. zum traditionellen Amunkult zurückgekehrt.

beitet und mit Schleifmitteln geglättet. Schon vor der dynastischen Zeit waren Schalen aus hartem Gestein gefertigt worden unter Verwendung primitiver Werkzeuge. Der Alabaster wurde schließlich bevorzugt, weil er sich leichter bearbeiten ließ und eine kostbarere Oberflächenwirkung ergab. In den unterirdischen Lagerräumen der Djoserpyramide wurden allein 35 000 Gegenstände aus Alabaster gefunden.

Die Auffindung des Grabes der Hetepheres I., der Mutter des Pharao Cheops, ergab wertvolle Aufschlüsse über Möbel und Schmuck im *Alten Reich.* Man fand u. a. einen Tragsessel, ein Ruhebett, einen Armsessel und mehrere Schmuckstücke, darunter silberne Armreifen mit eingesetzten Türkisen und Karneol, in der Form von Schmetterlingen, die bis zum *Neuen Reich* gebräuchlich war.

Unter der 12. Dynastie wurden neue Techniken einge-

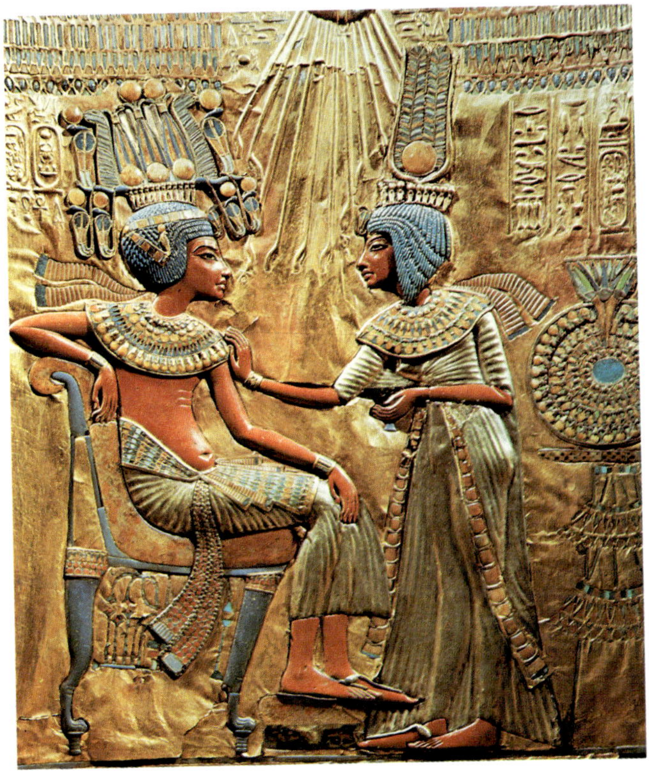

▶ Die goldene Thronlehne ist reich mit glasierter Keramik und farbigem Glas eingelegt. Dargestellt ist der Pharao Tutanchamun mit seiner Frau Anchesenamun, 18. Dynastie. Der Thronsitz wurde im Grab des Pharao im Tal der Könige entdeckt.

▼ ▶ Einer der Särge aus dem Grab des Tutanchamun, die ineinandergefügt wurden, um den königlichen Leichnam zu beschützen. Die Innenseite ist mit unheilabwehrenden Hieroglypheninschriften bedeckt.

führt, sie kamen hauptsächlich von Kreta und aus dem Nahen Osten. Es wurden polierte Bronzespiegel mit Griffen in Form von Lotosblüten geschaffen, goldene Halskragen und Ohrgehänge, die mit Glaspasten, Edelsteinen und Halbedelsteinen eingelegt wurden. Technische Meisterschaft zeigen die Ohrgehänge aus der Zeit Sesostris' II. und Amenemhets' III.: eine Miniaturdarstellung zeigt den Pharao beim Kampf gegen Feinde, zusammen mit Amuletten und Namensinschriften. Die bedeutendsten kunsthandwerklichen Meisterwerke sind wohl die Diademe der Prinzessin Chenemet. Sie sind aus Goldfiligran, mit Türkisen und Karneol gearbeitet.

Die *Keramik* erreichte während des *Mittleren Reichs* eine Blüte. Sie bevorzugte türkisfarbene Glasuren. Trinkschalen und Nilpferdfiguren in türkisfarbener Fayence mit gemalten Blumen sind typisch für die 11. und 12. Dyna-

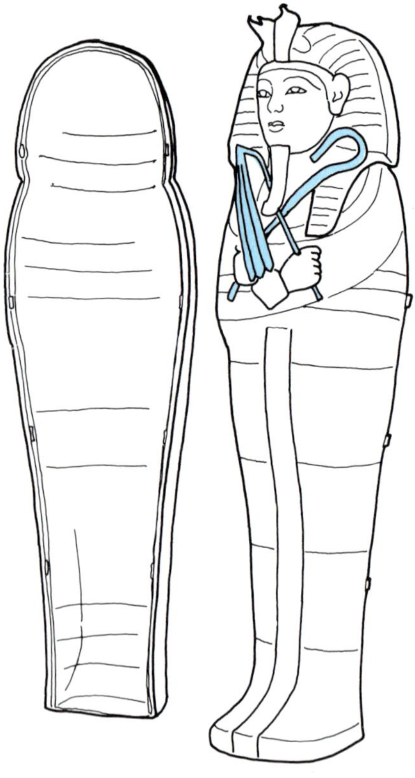

▶ Die Würdezeichen des Pharao, Dreschflegel und Zepter, sind uralte ägyptische Königssymbole. Sie schmücken auch den Sarg Tutanchamuns.

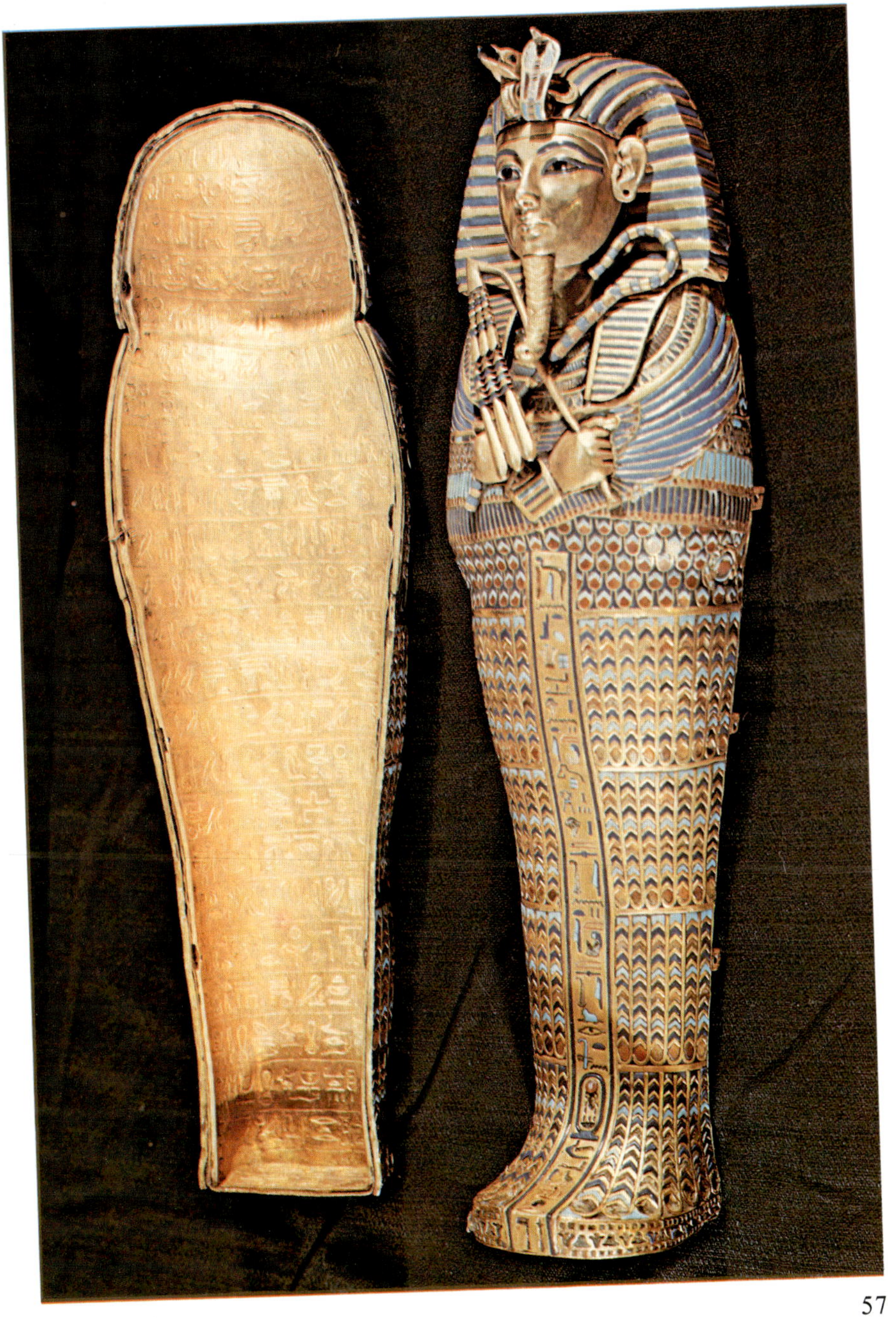

▶ Bei dem *Kanopenschrein,* der dazu bestimmt war, die Eingeweide des Pharao Tutanchamun aufzunehmen, kommt den Friesen der aufgerichteten Brillenschlangen ebenfalls eine unheilabwehrende Bedeutung zu. Der Schrein hat eine architektonische Gestalt mit vier Eckstützen.

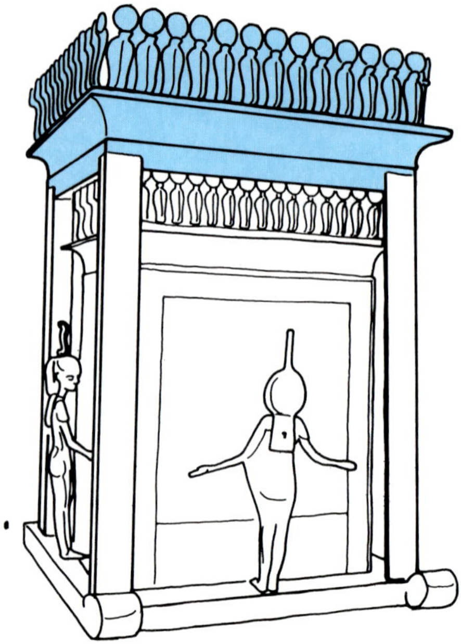

stie. Das Nilpferd war eine Verkörperung der Göttin Thoëris, der Beschützerin der schwangeren Frauen.
Die kostbaren Funde aus dem *Grab des Tutanchamun* sind ein vortreffliches Beispiel für das Kunsthandwerk zur Zeit des *Neuen Reichs.* Da gibt es Ruhebetten mit goldenen Beschlägen, den *Kanopenschrein* für die Eingeweide des Königs, Kästchen für Schmuck, die berühmte Goldmaske und zahlreiche Vasen aus Alabaster und Stein. Die drei Betten bestanden aus geschnitztem und vergoldetem Holz und waren mit den Symbolen der heiligen Kuh und der Löwin verziert sowie mit Ammun, der Nilpferdgöttin. Betten gehörten zu den wichtigsten Möbeln in den Häusern der vornehmen Ägypter. Beispiele mit Elfenbeinintarsien sind schon aus den frühen Dynastien bekannt. Der schmale Rahmen wurde von schlanken Beinen getragen, die in Löwenpranken ausliefen, ferner waren Tierköpfe zur Verzierung üblich. Außer den Betten waren Stühle als Möbel weit verbreitet, ferner gab es niedere Tische, Kästen und Truhen zur Aufbewahrung verschiedenster Gegenstände, von Gewändern, Dokumenten, Spielen bis zu Toilettenzubehör. Die Stühle konnten Lehnen haben und

waren ähnlich wie die Betten gestaltet. Seit der 5. Dynastie bekamen die Stühle oft eine niedrige, geschwungene Rükkenlehne. In der Frühzeit wurden Stühle nur von den Vornehmen benutzt, sie fanden im *Neuen Reich* weitere Verbreitung. Das Möbel wurde damals insgesamt nach Form und Dekor bereichert. Die Schnitzerei nahm zu, ebenso die Einlegearbeit, auch wurden zum Schmuck edle Materialien verwendet.

Die *Keramik* diente im *Neuen Reich* hauptsächlich zur Herstellung blau und grün gefärbter *Uschebti*. Diese klei-

▼ An dem *Kanopenschrein des Tutanchamun* stehen die Göttinnen Isis, Neith, Nephthys und Selket als Beschützerinnen. Der hölzerne, mit Goldblech bedeckte Schrein entspricht der Form eines Tempels. In seinem Innern befand sich eine ähnliche Konstruktion aus Alabaster. Das Gebilde war zur Aufnahme der vier Gefäße (Kanopen) mit den Eingeweiden des Herrschers bestimmt. Hieroglypheninschriften sollten den Schutz verstärken.

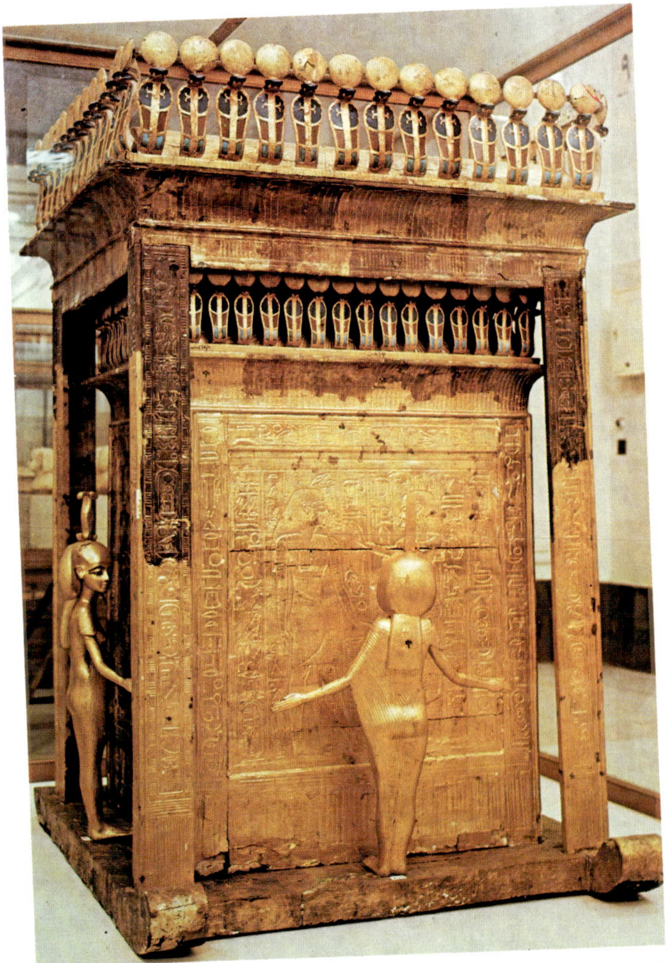

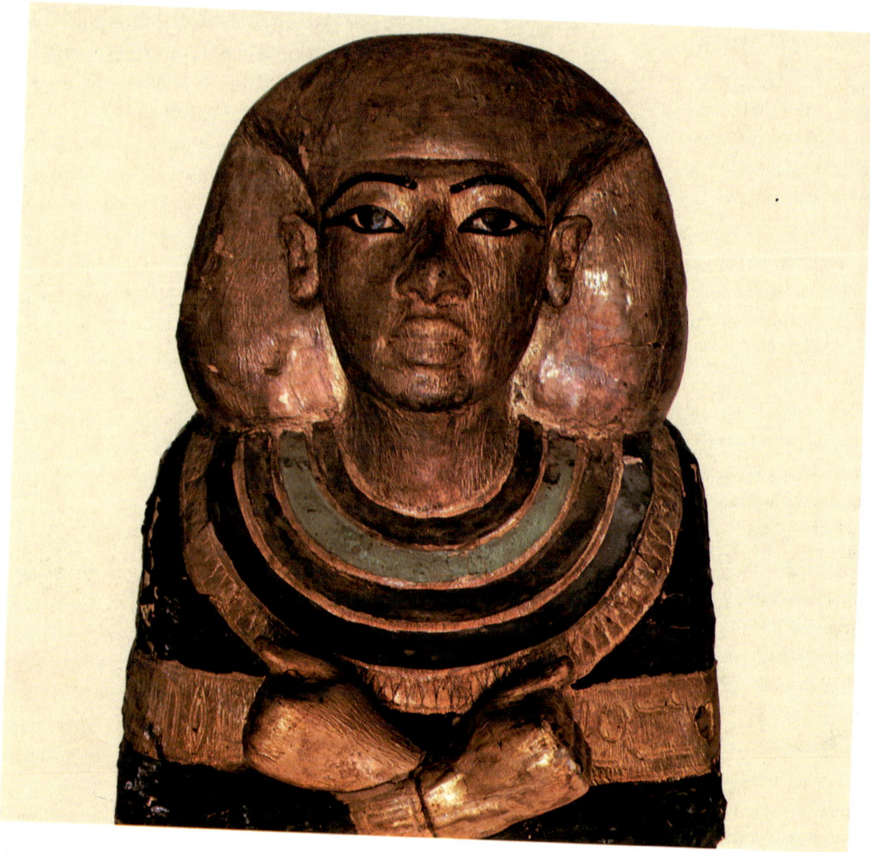

▲ Der bemalte und vergoldete hölzerne Sarg stammt aus dem 6. Jahrhundert v. Chr.

nen Grabfigürchen waren dazu bestimmt, für den Verstorbenen im Jenseits die niedrigen Arbeiten zu verrichten. Sie waren häufig mit Inschriften aus dem *Totenbuch* versehen. Ihre Farbglasur bestand aus einer Mischung aus kieselsäurehaltigem Sand und Kalziumkarbonat, der beim Brand Kupferoxid zum Färben zugesetzt wurde. Wenn Uschebtifiguren auch in Gräbern des Mittleren Reichs vorkommen, stammen die schönsten Beispiele doch aus der Zeit des Neuen Reichs. Die Produktion setzte sich bis in die Spätzeit fort. Auch für das ägyptische Kunsthandwerk gilt, daß seine Meisterleistungen vor allem im Dienst der Pharaonen und Würdenträger hervorgebracht wurden, um deren Rang im Diesseits und Jenseits anschaulich zu bekräftigen und ihnen ein ewiges Leben zu verschaffen.

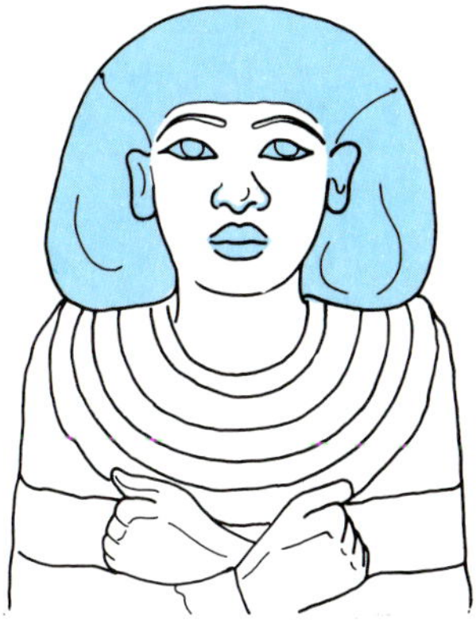

▲ Särge in Gestalt des Verstorbenen gehörten zum ägyptischen Totenkult. Die Form der Perücke ist eine wichtige Datierungshilfe. Typisch für die Saitenzeit ist z. B. die wulstförmig gerundete Perücke.

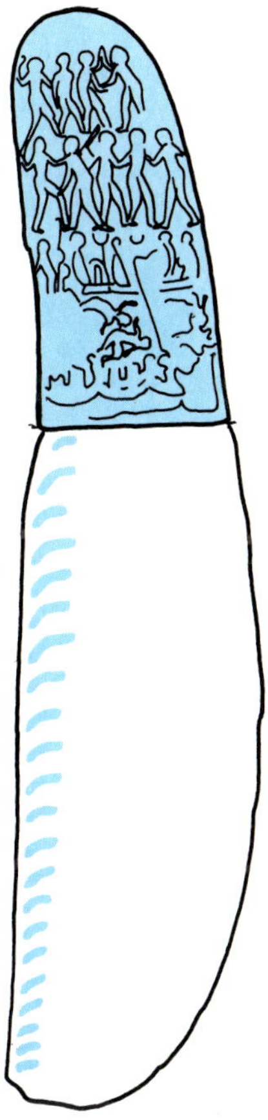

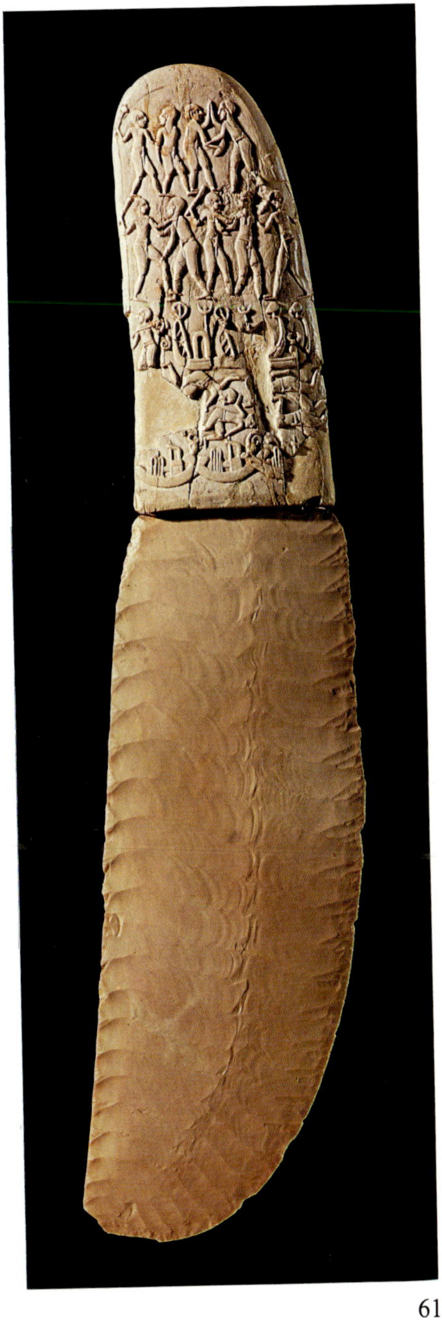

▶ Das *Feuersteinmesser mit geschnitztem Elfenbeingriff* aus dem 3. Jahrtausend v. Chr. ist 9,5 cm lang. Es diente zum kultischen Gebrauch und zeigt stilisierte Szenen aus den Kämpfen der ägyptischen Frühzeit.

Fachausdrücke

Amulett: Gegenstand, der umgehängt oder angeheftet wird; das Amulett soll Unglück und Dämonen fernhalten und dem Träger Glück bringen.

Hieroglyphen: Schriftzeichen der Ägypter. Symbolhafte Darstellung, Bilderschrift unter Verwendung von Zeichen.

Intarsien: Einlegearbeit zur Ornamentierung. In der Regel werden verschiedene Hölzer, auch Metall oder Stein, verarbeitet.

Kanopen (-krug): Im ägyptischen Totenkult dienten diese Behälter zur Aufbewahrung der Eingeweide des Toten. Im Alten Reich hatten diese Krüge flache Deckel, im Mittleren Reich rundplastische Köpfe. Bekannt ist der Kanopenschrein aus dem Tutanchamun-Grab.

Keramik: Bezeichnung gebrannter Tonerzeugnisse. Man unterscheidet verschiedene keramische Techniken: Hafnerware, Fayence, Terrakotta etc.

Kolossalplastik: Rein formal unterscheidet man bei der Kolossalplastik zwei Typen, die Stand- und die Sitzfigur. In der ägyptischen Plastik versuchte man nicht den Augenblick, sondern das Wesen des Menschen festzuhalten. Man unterscheidet ikonographisch zwischen Götter-, Königs- und Privatplastik. Die individuelle Behandlung, die über das Typenporträt hinausgeht, setzt bei der Königsplastik ein.

Mastaba: Die Mastabas, Privatgräber, entstanden im Alten Reich, in der 3. Dynastie (ab 2600 v. Chr.). Die Grabkammern waren in dieser Zeit mit Reliefs ausgeschmückt, im Mittleren Reich dann mit Malerei. Man unterscheidet 2 Grundtypen: den an allen Seiten mit Nischen gegliederten Typus und die Querform mit flacher Oberseite und gegliederter Ostseite (2 Opfernischen).

Monolith: Ein Bauglied, zum Beispiel eine Säule, das aus einem einzigen Steinblock besteht.

Monotheismus: Grundidee des Monotheismus ist die Anerkennung eines einzigen Gottes.

Mumie: Ein durch natürliche oder künstliche Methode präparierter Leichnam, der vor der Verwesung geschützt werden soll. In Ägypten kennt man die Mumifizierung seit dem 3. Jahrtausend vor Christus. Das Gesicht wurde mit einer Mumienmaske bedeckt.

Nekropole: Totenstadt, ausgedehnte Grabanlage.

Nilschlammziegel: Grundelement der ägyptischen Architektur, man spricht von Lehmziegelarchitektur; daneben Verwendung von Holz und Stein.

Obelisk: Sich nach oben verjüngender Steinpfeiler mit quadratischem oder rechteckigem Grundriß. Der Obelisk verkörpert wie die Pyramide das strahlende Sonnenlicht. Bei ägyptischen Beispielen meist Verzierung mit Hieroglyphen.

Papyrus: Pflanze, aus deren Stengelmark der ägyptische Papyrus („Papier"), ein Schreibmaterial, hergestellt wurde. Papyrus hatte den Vorteil, daß er nur langsam vergilbte.

Perücke: In Ägypten üblicher, künstlicher Haarschmuck, Attribut der vornehmen Gesellschaft.

Pilaster: Pfeilerförmige Wandvorlage. Dient zur Verstärkung und zur Gliederung der Wand und ist immer mit dieser verbunden.

Pylon: Eingangstor zum ägyptischen Tempel, seitlich von Türmen gerahmt.

Sarkophag: Sarg aus Stein, Metall oder Holz, der oft mit Inschriften oder plastischen Ornamenten geschmückt ist.

Serdab: Statuenkammer. Allseitig geschlossener Raum innerhalb der ägyptischen Grabanlage mit einem schmalen Sehschlitz. Dieser Raum ist den Statuen der Toten vorbehalten.

Sphinx: Statue mit Menschenkopf und Tierleib. Der Sphinx verkörpert den König. In dieser formalen Neuheit manifestiert sich der Sonnenglaube der Ägypter.

Stele: Senkrecht aufgestellter Grab- oder Weihestein.

Uschebti: Durch die Differenzierung des Totenkults wurden in Ägypten Grabbeigaben üblich. Uschebtis, anfänglich kleine Wachs- und Holzfiguren, wurden ins Grab mitgegeben. Sie sollten im Jenseits die anfallenden, untergeordneten Arbeiten ausführen.

Bibliographie

Aldred, C. The Development of Ancient Egyptian Art. London 1978

Badawy, A. A History of Egyptian Architecture. 2 Bde. Giza 1954/Berkley – Los Angeles 1966

Evers, H. G. Staat aus dem Stein. 2 Bde. München 1929

Kayser, H. Ägyptisches Kunsthandwerk. Braunschweig 1969

Lange, K. und M. Hirmer Ägypten. Architektur, Plastik, Malerei in drei Jahrtausenden. München 1978

Lloyd, S., Müller, H. W., Martin, R. Architektur der frühen Hochkulturen. Stuttgart 1975

Mekhitarian, A. Die ägyptische Malerei. Genf 1954

Müller, H. W. Altägyptische Malerei. Berlin 1959

Vandenberg, Ph. Nofretete, Echnaton und ihre Zeit. Die glanzvollste Epoche Ägyptens. München 1976

Vandersleyen, C. Das Alte Ägypten. (Propyläen Kunstgeschichte, Bd. 15). Berlin 1975

Westendorf, W. Das Alte Ägypten (Kunst im Bild). Baden-Baden 1968

Wiesner, J. Ägyptische Kunst (Ullstein Kunstgeschichte). Berlin 1963

Woldering, I. Ägypten. Die Kunst der Pharaonen (Kunst der Welt). Baden-Baden 1962

Wolf, W. Die Kunst Ägyptens. Gestalt und Geschichte. Suttgart 1957

Museen

Berlin, Staatliche Museen: 36; Kairo, Ägyptisches Museum: 24, 27, 29, 31, 33, 35, 37, 55, 57, 59, 60; Paris, Louvre: 41, 61; Turin, Museo Egizio: 38, 39, 52.

Register

Die kursiven Zahlen sind Abbildungsnummern

Fotonachweis

Borromeo: 33; Cirani: 5, 51, 59, 60; Mauritius: 19; Publifoto-Kessel: 16; Rizzoli: 61; Stern: 9; Stierlin: 15, 21; Titus: 4, 7, 11, 12, 13, 17, 23, 25, 27, 29, 31, 35–39, 41, 43, 45, 46, 49, 53, 55, 57.